PUHUA BOOKS

我们一起解决问题

激励员工不用钱

（高效实用版）

唐华山◎编著

人 民 邮 电 出 版 社
北 京

图书在版编目（CIP）数据

激励员工不用钱 ：高效实用版 / 唐华山编著. -- 北京 ：人民邮电出版社，2019.3（2020.12重印）
ISBN 978-7-115-50629-0

Ⅰ. ①激… Ⅱ. ①唐… Ⅲ. ①企业管理－人事管理－激励 Ⅳ. ①F272.92

中国版本图书馆CIP数据核字(2019)第014961号

内容提要

在知识经济时代，知识型和创新型员工成为企业人力资源管理的重要对象，如何有效激励员工，点燃员工的工作热情，成了企业管理者最关心的话题。本书在第一版的基础上，提炼了激励原理与操作方法，并新增了“经典案例”和“特别提示”两个模块，能更好地帮助读者在企业的不同发展阶段以及团队的不同状态下做好员工激励。

本书为读者揭示了员工行为背后真正的动力源泉，用28章归纳讲解了尊重激励法、赞美激励法、荣誉激励法、情感激励法、沟通激励法、兴趣激励法、危机激励法、竞争激励法、使命激励法、股权激励法等能够带给员工强大行动力的非经济措施。灵活运用这些激励措施，管理者既可以节约激励成本，又能大大提高激励效果。

书中内容简洁易懂，既适合企业中高层管理者、咨询人员、培训人员阅读，也适合创业者以及有志于从事管理行业的读者学习、参考。

◆编　　著　唐华山
责任编辑　刘　盈
责任印制　彭志环
◆人民邮电出版社出版发行　　北京市丰台区成寿寺路11号
邮编　100164　　电子邮件　315@ptpress.com.cn
网址　http://www.ptpress.com.cn
北京捷迅佳彩印刷有限公司印刷
◆开本：880×1230　1/32
印张：10　　2019年3月第1版
字数：200千字　　2020年12月北京第4次印刷

定　价：55.00元

读者服务热线：（010）81055656　印装质量热线：（010）81055316
反盗版热线：（010）81055315
广告经营许可证：京东市监广登字20170147号

前　言

《激励员工不用钱》自2008年首次出版以来，至今已经再版三次，市场反响良好，销量节节攀升。

说到员工激励，管理者们首先想到的就是金钱激励，认为只要多给员工一些钱，员工就能够全力以赴地工作。

事实果真如此吗？答案是否定的。

早在几十年前，赫茨伯格就对金钱和激励的关系提出了质疑。赫茨伯格发现，真正能够激励员工的因素有很多，金钱在所有因素中仅仅名列第六位。

管理大师德鲁克也反对管理者在激励员工时过分依赖金钱。他说："管理者大幅提升物质奖励，虽然可以获得一定的激励效果，但付出的代价实在太大，以至于超过了激励所带来的回报。"

如果使用不当，金钱激励不仅起不到积极作用，还会带来以下各种弊端。

首先，员工的薪资越高，分摊在单位产品上的成本就会越多，企业产品就会比竞品的价格高，市场竞争力必然会下降，产品的销售情况也会受到影响。

其次，高薪买不到人才对企业的忠诚和对事业的追求。

再次，心理学研究表明，适宜的工资水平有利于激发员工的工作热情和创造欲望，促使员工努力争取高薪或职位晋升；相反，高薪容易使员工产生优越感，弱化进取意识。

最后，根据边际收益递减法则，当报酬达到一定程度时，金钱就会失去其作为激励因素的价值。

由此可见，金钱并不是激励员工的最佳方式。

激励专家认为，人的需求是多层次的，物质需求只是最低层次的需求，金钱并不能从根本上激发员工的工作热情——即使它适用于部分员工，但其所起的作用也是短期的、有限的。真正有效的激励手段是抓住员工的心，从满足员工自我实现的需求出发，让员工自动自发地、充满热情地工作。

我们尝试站在人性的角度探索员工行为背后真正的动力。我们最终发现，尊重、赞美、荣誉、情感、沟通、兴趣、危机、竞争、使命、股权等非经济措施能带给员工强大的行动力。

需要注意的是，本书介绍的这些激励措施并不是永远有效的。任何一种激励措施都有自己的生命周期，某种方式对某位员工产生了良好的激励效果后，随着时间的推移或员工的需求逐渐得到满足，该方式的激励效果也会逐渐减弱甚至消失。企业管理者可以根据企业的实际情况以及自己对员工的了解，有针对性地综合使用各种激励方法，力争达到最佳的激励效果。

在本书的策划与创作过程中，作者得到了郑月玲、谢俊超、唐华领、唐荣银等人的大力支持和帮助。没有他们的积极参与，本书是很难面世的，在此向他们表示谢意。

由于作者水平有限，加之时间仓促，书中偏颇和遗漏之处在所难免，恳请读者朋友谅解，并请各位专家批评指正。

目　录

第一章

尊重激励法——发自内心地尊重员工

激励核心：尊重是一种人性化的激励方法，管理者如果能够发自内心地尊重每一位员工，那么员工带给企业的回报将是惊人的。

一、激励原理

像尊重专家一样尊重员工

管理者常常发出这样的抱怨：现在的员工越来越难管了，工资低他们没干劲，工资高也未必能提高他们的工作效率，真是让人左右为难。很少有管理者思考如下问题：我对员工的需求了解多少？我对员工的态度怎样？我为员工提供了哪些发展机会？员工是否对我心存感激？如果管理者愿意静下心来思考这些问题，相信他们很快就能找到答案。

随着知识经济的迅猛发展，在现代企业管理中，激励员工，特别是那些知识型员工，光靠钱已经很难奏效了。

心理学研究表明，每个人都希望得到别人的尊重，它是人类最基本的需求之一。对于企业管理者来说，要想让员工充满激情地工作，“尊重”的功效不可低估。

企业管理者千万不能忽视“尊重员工”能起的激励作用，那是一种促使员工自动自发地努力工作的助推器。管理者必须明白，员工之所以愿意努力工作，是想通过优异的工作业绩得到他人的尊重，而不仅仅是为了金钱；若得不到应有的尊重，员工就不会愉快地工作，当然更不可能提高工作效率。换言之，企业管理者如果能把员工当作与自己平等甚至是更值得尊重的人，就会使员工产生一种由衷的自豪感，激发员工的工作热情。在企业管理者对员工表现出热情关怀的那一刻，员工会把管理者看成朋友。为朋友做事要比为企业做事积极、高效得多。

如果管理者经常在员工面前颐指气使，那么可以肯定地说，这家公司是留不住优秀员工的。

二、操作方法

把尊重员工落到实处

有些管理者没有从内心深处树立尊重员工的意识，他们表面上称自己很尊重员工，在实际工作中却没有采取任何行动。企业管理者要做到以下几点才算是真正地尊重员工。

1. 对待员工要有礼貌

管理者在将一项工作交给员工时，请不要用发号施令的语气命令下属该如何如何。如果员工出色地完成了工作，管理者不要吝啬说一声“谢谢”，要知道，一句“谢谢”不会花什么钱，却能得到丰厚的回报。不论是在正式场合还是在非正式场合，管理者都要给予员工适当的尊重。

2. 不嘲笑、不轻视员工的工作能力

如果员工在工作中遇到问题，不知道该如何解决，管理者不应嘲笑或轻视员工的能力，而应把员工召集起来，友好地对他们说："来，我们一起研究一下这个问题。"聪明的管理者采取"一起研究""一起想办法"的做法，会让员工产生强烈的成就感，工作起来就会更加努力。

3. 认真听取员工的建议

管理者在听取员工的建议时，要全神贯注，不能三心二意，并尽量在最短的时间内确认员工想要表达的意思。无论如何，管理者都不要态度生硬地拒绝员工的建议，即使你觉得这个建议没有什么价值，也要多思考一会儿再拒绝。拒绝时，管理者要说清理由，措辞委婉，并向员工表示感谢。

4. 不拿员工的人格开玩笑

每个人都需要被尊重。管理者尊重员工的人格，会产生比金钱激励更大的效果。例如，一家企业将门卫称为"守护者"，自从得到了这个称谓后，门卫的工作更出色了。管理者千万不要诋毁任何一名员工，也不要拿员工的人格开玩笑，因为嘲弄员工不仅会伤及员工的自尊，极大地削弱他的工作热情，而且会使管理者成为员工最不喜欢的人。

5. 鼓励不同的思维方式

企业管理者不能时刻要求员工的思维方式和自己保持一致，这对企业和员工都是十分不利的。如果你不能接受不同的思维方式，只喜欢提拔那些想法、做法和你一致的人，就会扼杀了全公司的创新意识。当你遇到困难时，你周围的人也不能帮你，因为你们的想法和做法都如出一辙。

6. 尊重员工的优点，包容员工的缺点

没有人是十全十美的，每个人都有自己的优点和缺点。管理者要想得到员工的尊重，让员工认可你的管理才能，就必须尊重员工的优点。同时，管理者还要学会包容员工的缺点，帮助员工改进不足。这样，在管理者尊重员工的同时，也会获得员工的尊重。

7. 别把员工当保姆

在日常工作中，很多管理者会随意使唤员工。这些管理者犯了一个大错误，他们扩大了员工的“工作范畴”，将员工与保姆等同起来。员工就会产生抵触的情绪，觉得自己受到了轻视。带着这样的情绪做事，他们又怎能把工作做好呢?

8. 平等对待所有员工

企业管理者应对全体员工一视同仁，不能被个人好恶左右，不要当着一名员工的面儿把他与另一员工相比较，在为员工分配任务和利益时要保持公平公正。

总而言之，尊重员工是管理者激励员工的一项重要举措。如果管理者不懂得尊重员工，只知道对员工颐指气使、发号施令，结果是不堪设想的。

三、经典案例

关注对方的感受

管理者怎样做才能赢得下属的心呢？什么样的领导能让下属为他赴汤蹈火呢？我们看看著名管理大师松下幸之助的做法。

有一天，松下幸之助在一家餐厅招待客人，大家都点了牛排。待他们吃完主餐后，松下便让助理去请烹调牛排的主厨。

松下特别强调说："不要找经理，要找主厨。"

助理这才注意到，松下只吃了一半牛排，助理心想过一会儿的场面可能会很尴尬。

主厨很快就过来了，他的表情显得很紧张，因为他知道请自己来的人是大名鼎鼎的松下幸之助先生。

"有什么问题吗，先生？"主厨紧张地问。

"对你来说，烹调牛排已不成问题，"松下说，"但是我只能吃一半。原因不在于你的厨艺，牛排真的很好吃，但我已经80岁了，胃口大不如前。”

主厨与其他用餐者面面相觑，过了好一会儿大家才明白这是怎么回事儿。

“我之所以当面和他谈，是因为我担心他看到吃了一半的牛排被送回厨房，心里会很难过。”如果你是那位主厨，听到松下先生这么说，你会有什么感受？是不是感到备受尊重？客人听到松下这样说，更佩服松下的人格并更喜欢与他交朋友、做生意了。

松下幸之助曾对一位管理人员说：“我个人要做很多决定，还要批准他人的很多决定。实际上只有40%的决策是我真正认同的，余下的60%是我有所保留的，或我觉得过得去的。”

管理人员感到很惊讶，他以为如果松下不同意办某事，大可一口否决。

“你不可以对任何事都说‘不’，对于那些你认为算是过得去的计划，你可以在实行过程中指导员工，使员工回到你所预期的轨道上来。我想一个管理者应该接受他不喜欢的事，因为任何人都不喜欢被否定。”

关注对方的感受——这就是松下幸之助的领导风格。

松下的话带给我们有益的启示：企业管理者应该尊重员工，

让员工感觉到他在企业中是有所作为的，是能得到上司认可的。只要管理者做到了充分尊重员工，员工就会回报你更多的东西。

四、特别提示

用尊重挖掘员工潜能

企业管理者可以从以下几个方面着手，用尊重挖掘员工的潜能。

1. 尊重员工的人格，提升企业的亲和力

马斯洛认为，人的需要有五个层次，它们分别是生理需要、安全需要、社交需要、自尊需要和自我实现需要。每一位员工都需要被尊重，如果企业管理者能够尊重员工的人格，就能够产生比金钱激励更大的效果。管理大师松下幸之助先生的许多管理理念都值得我们借鉴，如他在员工面前总是自认为能力不足，经常请求下属提供帮助。他常常对自己的员工说："我做不到的事情，我认为你们能够做到。"对公司的管理层，松下则要求他们为员工"端菜"，当然他并不是要管理者真的为员工端菜，他的本意是让管理层尊重员工，对员工心存感激之情。这样员工就会感到公司很重视自己，自己的人格受到了尊重。如果管理层都能这样做，企业的亲和力自然就能提升。

2. 尊重员工的意见，增强他们对企业的向心力

在很多情况下，团队管理者没有必要显得比员工们更聪明；相反，管理者应该邀请团队成员针对某一问题进行讨论，花些时间倾听员工的心声。管理者鼓励每位团队成员自主设定工作标准，由于标准是员工自己制定的，因此他们更愿意接受这些标准，并在工作中竭尽所能完成目标。有研究结果表明，员工参与团队建设的程度越深，其工作积极性就越高。所以管理者要鼓励员工多多参与团队建设，积极提出自己的意见。团队管理者一定要尊重员工的意见，充分发挥参与式管理的作用，实现团队的良性沟通与互动，提高企业的经济效益。

3. 尊重员工的职业发展需要，提高他们对企业的认同感

在有效激励员工的几个因素中，员工的职业生涯问题经常被遗忘，其实在组织内部为员工规划职业生涯可以起到非常明显的激励作用。企业管理者必须明白，员工在满足了基本的生存需要之后，他们努力工作不只是为了追求高薪，还为了追求个人的成长与发展，满足自尊与自我实现的需要。大多数员工都有自己的职业生涯规划，他们有意识地确定目标并竭力实现目标，企业管理者应该了解员工的职业规划，引导员工进行准确的自我定位，使员工的个人职业目标与企业的整体目标相吻合，并通过相应的政策帮助员工

实现他们的职业理想。优秀的企业管理者会想方设法为员工提供更多的发展机会，提高员工的工作能力。事实上，企业管理者越是努力提高员工的工作能力，给员工提供更多的晋升机会，员工的工作热情就会越高，工作效率和对企业的认同度也会越高。

第二章

赞美激励法——一句话足以触动心灵

激励核心：好员工不是管出来的，而是夸出来的。

一、激励原理

每个人都喜欢被赞美

马克·吐温说过，一句得体的称赞，能使他陶醉两个月。每个人在内心深处都希望自己的努力能被别人看见，自己的成绩能得到别人的肯定。如果管理者善于赞美员工，也许仅仅一句话就可以赢得员工的心。

绩效管理顾问艾伦在谈到培训军官的事时，讲述了以下这个故事。在参加培训的军官中，有位上校对激励技巧的使用效果始终不以为然。在课程结束后大约一个星期，那位上校负责编写一份重要的简报，由于他做得十分出色，他的上司——一位将军就想要赞美他。将军找来一张黄色的图画纸，把它折成一张精美的卡片，外边写上“太棒了！”里边则写了些奖励的话，然后当面称赞他，并把那张卡片交给了他。上校把卡片拿在手中读了一遍，读完之后他站在原地愣了一会儿，然后头也不抬地走出了办公室。将军感到有点莫名其妙，心想：是不是我做错了什么。于是将军追上去，想看看上校有什么反应，结果发现：上校到每个办公室都转了一圈——向人炫耀他的那张卡片。

故事还没完，此后那位上校专门设计印刷了一批用来赞美别人的卡片。

赞美的形式多种多样，如人多时赞美、单独赞美、由他人传递赞美等。管理者可通过多种形式扩大赞美的内容、范围，增强赞美的效果，核心问题是管理者是否有这种赞美员工的意识。

赞美能够有效激发人的内在潜能，增强人的活力。

赞美还具有催化作用。企业要想发展，就必须积极调动员工的竞争热情。对每一个在工作中取得进步的员工，即使他只是在某一个极小的方面，做出了一个微乎其微的贡献，管理者也要给予他真诚的赞许。这会鼓励员工继续努力工作。

管理者应及时发现每位员工的优势和特长，给予他们适度的赞美，为员工提供精神动力。赞美员工对改进领导工作、加强管理者与员工之间的联系和沟通都是相当有益的。

如果管理者经常赞美员工，就能够在企业内部形成一种轻松、活跃的氛围。员工不仅会自动自发地强化自身优势，而且会自觉地学习他人特长，达到共同提高的目的。

同其他激励方式相比，赞美几乎是零成本的，管理者只需通过言谈举止就能达到目的。这也是 2/3 的管理者在使用或计划使用赞美奖励的原因之一。赞美的成本虽然很小，却能帮助员工树立自信心。

二、操作方法

赞美员工的方法和技巧

赞美是一种非常有效的激励手段，它不但能够让人感到振奋，而且使人感到被肯定与重视。然而大多数人并非赞美高手，他们仅仅知道赞美的重要性，却不了解赞美的方法和技巧。管理者该怎样赞美员工呢？

1. 在第三方面前赞美员工

在第三方面前赞美他人时，这种赞美极有可能被第三方传述给当事人，这比当面直接赞美他人的效果好。因为人们通常认为当面赞美是客套，而背后的赞美常是真心话，被赞美的人会真诚地接受，并不胜感激。

2. 赞美要及时

赞美是对一个人的工作能力、工作态度、工作效率及其他积极因素的认可，也可以说赞美是管理者对员工行为的真实反馈，所以管理者一定要及时赞美员工才能起到更好的激励效果。

需要提醒管理者的是，赞美不能“提前”。当 项工作彻底结束之后，管理者才可以对这项工作的完成情况进行评价。如果一项工作还没有完成，管理者仅仅是对员工的工作态度或工作方式感到满意，就进行赞扬，可能起不到很好的激励效果。这种基于工作过程的赞美，会增加员工的压力，如果员工长期处在这种心理压力之下，会对赞美产生反感。这是管理者要注意的。

3. 赞美要掌握好尺度

过度的表扬，有点成绩就表扬，心情愉悦就称赞几句，管理者这样不是在帮助员工，反而会使他成为众矢之的。

上司比较欣赏某个员工是很正常的，但是在工作中要公正对待，不要搞双重标准，要做到该表扬的表扬、该批评的批评。管理者与自己欣赏的员工做朋友，可以相互督促、共同进步，然而感情是感情，工作是工作，管理者在工作中对待员工一定要一视同仁。

4. 赞美要真诚、具体

如果管理者在根本不了解员工的情况下，就说一些诸如“年轻有为”“前途无量”“干得不错”之类的公式化赞美语言，是很难起到激励效果的。

言之有物的赞美才能真正打动对方的心。例如，夸某个员工很能干，就不如说他某件事干得很漂亮更“实在”些。

赞美下属的工作，要比笼统地赞美他的能力更为有效。

（1）被赞美的员工知道自己是因为什么事情得到了赞扬，会因此把这件事做得更好。

（2）不会使其他员工产生嫉妒的心理。如果其他员工不了解这位员工被赞美的原因，就会觉得自己受到了不公正的待遇，甚至会产生抱怨。

（3）赞美具体的事情，会使其他员工以此为榜样，努力做好自己的工作。

所以，管理者在赞美员工时一定要切合实际，从事实出发给予赞扬，这样既能达到激励的目的，又不违背客观事实。

5. 赞美要公开、得体

管理者用公开的方式对某位员工进行表扬是一种很好的赞美方法。一位知名企业家说过："如果我看到一位员工工作很出色，我会很兴奋。我会冲进大厅，让其他员工都看到这个人的成果，并且告诉他们，如何把工作做好。同时也强调了这样一个原则——要想获得赞美，就要把工作做好。"

管理者当着其他员工的面称赞某位员工可以起到两个方面的作用：一方面可以鼓励被称赞的员工，让他意识到领导对他的肯定和赞赏；另一方面可以给其他员工树立榜样，鼓励其他员工向这位员工学习，努力工作，做出好成绩。

6. 赞美要公正

要做到公平公正地称赞员工，管理者需要注意以下两点。

（1）公正对待有缺点的员工。人的十指长短不一，员工的能力也是有高有低。有的员工的缺点与短处比较明显，如工作能力不是很强、与同事相处不和睦、经常顶撞领导等。管理这样的人时，管理者非常容易走入以偏概全的误区，看不到他们取得的成绩与进步，或者觉得他们的成绩与进步仅能抵消他们的不足，是不值得称赞的。事实上，有缺点的员工同样需要称赞；称赞是一种无形的力量，它能促使员工弥补短处和改正错误。

（2）公正对待比自己强的人。有才能的员工很多，心眼儿小的管理者往往很难容下这些有可能超越自己的人，不去称赞这些员工，这是非常不公正的。

三、经典案例

赞美是激励下属的最佳方式

玫琳凯女士于1963年在达拉斯市成立了玫琳凯化妆品公司。此后，她凭着坚定的信心及无私的奉献精神，努力将公司从一家小型的直销公司发展成全美最大的美容保养品直销企业，玫琳凯品牌也成为美国面部保养品及彩妆系列的热销品牌。

在公司内部，玫琳凯规定：每位推销化妆品的美容师，在第一次卖出100美元的化妆品后，就会获得一条缎带。公司每年都要在总部的“达拉斯会议中心”召开一次盛况空前的“玫琳凯年度讨论会”。参加讨论会的2万多名代表是从阵容庞大的推销员队伍中推选出来的。

会上，创造卓越业绩的推销员穿着代表最高荣誉的“红夹克”上台发表演说，公司还给推销化妆品成绩最好的美容师颁发象征最高荣誉的奖品——镶钻石的大黄蜂别针。公司内部发行的《喝彩》月刊上会刊登100名优秀员工的名字。

有一位美容师在前两次展销会上都没卖出什么产品，在第三次展销会上她只卖出了35美元的产品，她的上司海伦不仅没有指责她，反而表扬她：“你卖出了35美元的产品，实在是太棒了！”海伦的赞美和鼓励，让那位美容师的心里热乎乎的，后来她终于取得了可喜的成绩。海伦也因为善于激励下属而得到了玫琳凯的重用。

玫琳凯女士在总结公司成功的经验时说：“我认为，‘赞美’是激励下属的最佳方式，也是沟通手段中效果最好的，因为每个人都需要赞美。只要你认真寻找，就会发现许多赞美的机会。”

赞美能使人爆发出巨大的能量。因此，当员工实现小目标时，能否给予及时的赞美与肯定，就体现了一个管理者的管理水平。

四、特别提示

赞美的禁忌

1. 一忌过分称赞

如果管理者在众人面前过分称赞某位员工，会让很多员工感到不服，由此产生嫉妒心理。管理者的称赞越多，其他员工的嫉妒心就会越强。如果大家都知道你的称赞言过其实，那么他们不但会看不起被称赞的对象，而且会怀疑你的管理方式。

所以，管理者在众多员工面前称赞某位员工时，一定要实事求是。

2. 二忌褒一贬多

很多领导在称赞优秀员工时，往往会采用褒一贬多的方式，也就是在表扬某一位员工时，贬低其他员工，这是很不好的。如果管理者过分称赞某员工的长处，而对其他不具备这项长处的人大肆贬损，就会严重伤害他人的自尊。这样的“赞美”非但收不到预期效果，反而会造成管理者、被称赞的员工及没被称赞的员工之间出现不应有的疏远。相信这样的结果是谁都不愿意看到的。

3. 三忌任意拔高

在赞美员工时，管理者会使用鼓动性甚至煽动性较强的语言。如果管理者任意拔高员工的成绩，夸大成绩的价值和意义，就会产生很多负面影响。

首先，被称赞的员工会自我膨胀。他们会误以为自己具备很强的工作能力，误以为自己的做法真的具有那样高的价值和意义。

其次，其他员工会产生逆反心理。真正的楷模会让人崇敬，人为拔高的典型只会让人唾弃。对于被胡吹乱捧起来的“榜样”，员工们的心理状态必然会由不服到猜忌，由猜忌到厌弃。这种“赞美”不但起不到应有的示范作用，反而有损员工间的协作。

最后，领导这样做会助长不良风气。当员工们看到其他人在取得一点小小的成就后便能够得到如此高的称赞时，就会产生浮夸、造假、邀功请赏的心理。赞美就会演变成员工贪虚名、谋私利的工具，其激励的意义和作用就会被扭曲。

4. 四忌端“领导架子”

放下“架子”是管理者赞美员工的前提条件。如果管理者总是摆出一副高高在上的姿态，必然会在自己和员工之间划出界限，双方无法进行情感的交流与沟通，管理者的称赞也无法做到自然，更无法激发员工的心理共鸣。

第三章

荣誉激励法——给员工一个响亮的头衔

激励核心：自我实现是人类最高层次的需要，荣誉就是一种能满足人类自我实现需求的激励手段。

一、激励原理

荣誉是激情的催化剂

所谓荣誉激励，是指企业对员工的工作态度和贡献所给予的荣誉奖励，如发放荣誉证书、开会表彰、在公司内外媒体上的宣传报道、记功、休假、疗养、外出培训进修、推荐获取各种社会荣誉等。

每位员工都希望获得归属感及成就感，都希望自己的工作更有意义。经济学家则从追求利益最大化的理性假设出发，认为经营者追求良好声誉是为了获得长期利益。

著名跨国公司 IBM 有一个“百分之百俱乐部”，如果员工能够完成他的年度任务，就会成为该俱乐部的会员，他和他的家人就会被邀请参加隆重的聚会。于是，公司员工都将获得“百分之百俱乐部”的会员资格作为第一目标，努力完成任务以获取那份荣誉。IBM 公司通过这种方法很好地激励了员工。

企业不要太吝啬为员工授予一些头衔、名号。那些名号、头衔可以换取员工的认同感，点燃员工的工作热情。日本电气公司在一部分管理职务中实行“自由职衔制”，就是说可以自由加职衔，取消

“代部长、代理”“准”等一般普遍管理职务中的辅助头衔，代之以“项目专任部长”“产品经理”等与业务内容相关的、可以自由加予的头衔。

我们这里所说的荣誉激励还包括集体荣誉激励。管理者通过授予员工集体荣誉，培养员工的团队意识，使员工产生集体的自豪感，自觉维护集体的荣誉。

二、操作方法

怎样用荣誉激励员工

1. 给员工一些响亮的头衔

对那些一直在为企业默默奉献的员工，或在某个领域有突出表现或贡献的员工，企业不妨授予他们一些响亮的头衔或名号，从而激励他们更好地为企业服务。例如，与其把办公室的文员称为办事员，不如称他为行政助理；对于专门负责检验的员工，如果是一个人，不妨叫他质检经理，如果是两个人那就一正一副；对于公司的勤杂人员，也可以称他们为助理总务员；即使是公司的打字员，也可以给予她一个录入部主管的头衔。

在授予员工各种头衔时，企业管理者要多花一些心思，让头衔更有创意一些。如果管理者能够根据员工的要求，结合企业的实际情况设置头衔，那就再好不过了。因为员工得到了自己想要的荣誉，工作起来就会更加积极。

2. 休假也是一种好方法

如果员工做出了突出贡献或提前完成了全年的工作计划，管理者不妨用休假的方法来奖励他们。在其他员工眼里，额外的休假其实也是一种荣誉。

3. 表扬那些表现突出的员工

企业领导利用表扬的方式来表达自己对员工的肯定和赏识，不但能有效提高员工的工作效率，而且能够激励其他员工对这种荣誉的追求。

需要注意的是，领导在表扬一位员工时，一定要注意表扬员工特有的优势。如果表扬的是所有员工都具备的能力或都能完成的事情，这种表扬会让被表扬的员工感到不自在，也会引发其他员工的强烈反感。

总之，表扬是激励员工的好方法，但是管理者要注意方式方法。如果方法不对，其效果就会大打折扣，甚至会带来副作用。

4. 写出你对员工的欣赏

书面表扬能够让人回味无穷，因为它是一份值得珍藏的永久荣誉证书。

员工做出成绩后，都希望得到上司的肯定，口头表扬的激励作用绝对没有书面表扬强。

三、经典案例

给员工应有的荣誉

每个人都有得到认可、获得荣誉的心理需要。对于那些在工作中表现非常优秀的员工，管理者给予他们相应的荣誉是十分必要的，因为这样做会收到惊人的激励效果。

很多杰出的管理者都会授予员工相应的甚至是超乎想像的荣誉，以此来激励自己的员工。

仅仅用了十几年的时间，青岛港集团就在常德传总裁的率领下，由过去的勉强经营，发展到2007年为国家上缴各种税费58亿元的优良业绩[①]，这不能不说是一个奇迹。

这个奇迹源于青岛港集团全体员工的共同努力，也得益于常德传总裁倡导的荣誉激励。在青岛港集团，只要员工做出了巨大贡献，集团就会授予他们相应的荣誉，如“振超效率”“琳琳快磅”“义爱神车”“杰敏智控”“吉强精骑”“王啸飞燕”等，这些

---

① 数据来自于2007年1月人民网——人民日报刊登的《百年老港焕新颜——青岛港集团科学和谐发展纪实》。

荣誉不但激励了获得荣誉的员工本人，而且激励了其他员工，在集团内部营造了你追我赶的工作氛围，使企业经营效益得到了迅速提高。

海尔集团的成功也是如此，集团管理层在员工精神激励方面下足了工夫。

高云燕是海尔集团总装车间一名普通的操作工，她主要负责在钻眼机前给每个冰箱门体的两端钻四个精密度极高的孔，可是在操作的时候，却因为用于放置门体的工作台影响了自己观察，进而影响了加工的质量和效率。高云燕想，如果能在钻眼机前放一面镜子，就可以更好地观察操作效果了。经她建议，海尔集团很快就在钻眼机前设置了一面一平方米的镜子，并称这面镜子为“云燕镜子”，还把这四个字写在了镜子上面。这样的举动不但激励了高云燕，而且让全体员工自动自发地向她学习，发挥主人翁的创造精神。

一位名叫杨晓玲的女工创造了一个化霜按钮的坚固扳手，使按钮组装一次合格率由以前的 70% 提高到了 100%，公司马上就将这种扳手命名为“晓玲扳手。”

四、特别提示

用荣誉激励杰出员工

诺伊斯博士是英特尔公司的创始人之一，他曾经这样说过：“表现杰出的员工最喜欢别人测量他的成就，因为别人不测量，他就无法证明自己的杰出。”

用荣誉激励员工的方法被深谙此道的某生产企业运用得炉火纯青。这家企业的高层领导会去他们的每一家工厂为赢得“梦想中的员工奖”的员工颁奖。这个奖每年颁发一次，得奖人是通过员工之间相互提名而选拔出来的，奖品是刻着得奖人姓名的奖牌和刻着公司标志的水晶奖杯。得奖人的奖牌要放在工厂里展览一年。

除了这样的年度奖励以外，这家公司还有另外的激励方法，就是每年举行四次较小的奖励仪式，得奖人能得到一件写着公司名字的毛衣及一天的带薪休假。

优秀员工奖的奖励项目可分为很多种，如突出的工作效率、优异的工作成绩、大幅提高的销售量、高度敬业的工作态度、全勤，以及在你看来比较重要的事情等，这些都可当作是奖励的项目。奖励的方法是，将获奖人的照片贴在公司比较显眼的位置，管理者在言语上给予他鼓励，奖励获奖人免费吃一个月的午餐，等等。

一般情况下，管理者可用以下荣誉激励杰出员工。

设立一个特别荣誉奖，并为这个奖取一个响亮的名称，以奖励员工做出的特别成就。

设立最受员工欢迎的管理人员奖。

让员工投票选出本年度最优秀的员工、主管、经理，公司管理层送给他一份纪念品，并向其颁发荣誉证书。

每年或每月选出一支表现最好的合作团队，向他们颁发团队精神奖。

设立一个奖项，表扬员工在职责之外的特殊表现，送给他一件名牌运动衫，并把这个奖项的名称写上去。

把离办公楼大门最近的停车位作为奖品，送给本月、本季度或本年最优秀的员工。

向那些为顾客提供额外服务的员工颁发荣誉证书。

各部门的经理可以用卡片的形式鼓励部门内部的优秀员工。

允许表现杰出的员工带薪休假。

管理者给予杰出员工必要的精神奖励，能够给他们带来极大的荣誉感和自豪感。为了把这种荣耀维持下去，也为了回报给予他荣耀的人，他肯定会比原来更加努力地工作。

第四章

情感激励法——激励员工，从温暖员工的心灵开始

激励核心：要调动员工的积极性，企业管理者的情感投入尤为重要。

一、激励原理

情感投入必不可少

要调动员工的工作积极性，企业管理者的情感投入尤为重要。人是感情动物，人的很多行为是靠情感支配的，每个人既渴望得到别人的理解、信任和支持，也希望自己投入的情感能够得到回报。所以管理者对员工晓之以理、动之以情，对开发员工潜能至关重要。这时管理者就需要建立情感激励模式，加强管理者与员工之间的感情沟通。

在一定程度上，员工的能力高低与管理者对他们的感情投入多少是成正比的。为什么这样说呢，有以下几个原因。

第一，管理者对员工的感情投入，可以有效激发员工潜能，使员工产生强大的使命感与奉献精神。员工会在内心深处对领导心存感激，认为管理者对自己有知遇之恩，他就会全身心地投入到工作中了。

第二，管理者对员工的感情投入，会使员工产生“归属感”，这种“归属感”正是员工愿意充分发挥才能的重要源泉之一。每个人都不希望自己被排斥在管理者的视线之外，如果能得到管理者在情感上的慰藉，员工的心理就会变得更加安稳，能够发挥出自己最大的能力。

第三，管理者对员工的感情投入，可以有效激发员工的开拓意识和创新精神，使他们工作起来没有心理负担。当人们心存疑虑时，便不敢创新，而是抱着“宁可不做，也不可做错”的心理，只求自己分内的工作不出错。如果管理者能够对员工表现出充分的信任感和亲密感，就会有效消除员工的各种疑虑和担心，在公司内部创造出一个宽松的工作环境，让员工大胆创新、积极工作。

在对员工投入感情时，管理者必须抱着坦率与真诚的态度，否则这种激励方式便会偏离轨道，产生不良反应。

二、操作方法

关怀员工的方法与技巧

企业管理者关怀员工时，需要了解员工的基本情况，如所在职位、生活情况、个人爱好、职业理想，以及员工对企业的看法和要求等。

管理者怎样关怀你的员工呢？激励专家给出了以下方法。

（1）发自内心地尊重员工。

（2）给予员工公平竞争的机会。

（3）允许员工表达意见，或者将他们的名字列在报告或备忘录上。

（4）将员工介绍给企业高层领导，给予他们获得高层认可的机会。

（5）和员工讨论培训或晋升事宜，要落到实处，不能只是说说而已。

（6）鼓励员工说出他们的职业理想或人生目标，并激励他们为理想努力。

（7）吃工作餐时，和员工坐在一起。抽空和员工一起吃晚餐或喝咖啡。

（8）在不同场合，用书面或口头表扬的方式赞美你的员工。

（9）对那些有心摆脱现状以求上进并向你提出建议或批评的员工表示鼓励与感谢。

（10）让那些表现突出的员工得到应有的荣誉。

（11）邀请员工出席重要会议并鼓励他们在会上大胆提出自己的意见和建议。

（12）关心员工的感受，了解他们对事业的追求。

（13）尽量了解员工在生活中的表现，如员工与家人的关系、与邻居的关系等。

（14）员工完成工作任务时，管理者应及时给予表扬，鼓励他们继续努力，完成下一个目标。

（15）如果你错怪了员工，或对员工做错了什么事，请向他们道歉。

（16）鼓励员工为自己制定具有挑战性的工作目标并尽力协助他们完成目标。

（17）必须批评员工时，要采用委婉的方式。

（18）在公司之外的地方见到员工时，主动打招呼。

（19）如果员工遇到困难，要尽力帮助解决，包括员工的家庭困难。

（20）主动了解员工的特长，知道他们的兴趣爱好。

三、经典案例

关心员工的生活

一天，一个年轻员工急匆匆地找到戴尔•卡耐基，说自己的妻子和儿子由于房屋拆迁而失去了住处，他想要请假回家安排一下。当时，公司业务繁忙，人手不够，卡耐基不想放他走，就说了一通诸如“个人的事情再大也是小事，集体的事情再小也是大事”此类的道理。不料这位年轻员工被气哭了，他愤愤地说：“在你们眼里这是小事，可对我来说却是天大的事。我的妻儿都没有地方住了，我还能安心工作吗？”卡耐基愣了一会儿，立即向这位员工道了歉，不仅准了他的假，还亲自到这位年轻员工家中探望。

管理者关心下属，就要把下属的疾苦放在第一位。

企业就像一个大家庭，管理者就是这个大家庭的家长，员工则是家庭成员。“家长”不仅要关心和理解“家庭成员”的情况，而且要尽自己所能帮助这些“家庭成员”处理好关系。具体来说，管理者可以从以下几方面入手。

第一，了解下属的基本情况。管理者要经常与员工谈心，随时了解下属的生活情况，特别是对生活比较困难的下属的情况要做到心中有数。

第二，真诚关心下属。管理者必须真心实意、设身处地地为下属着想，真正为他们排忧解难。尤其要把握好以下几个重要时机：员工出差时，帮助他安排好家属的生活；员工生病时，管理者要及时前去探望；当员工的家庭遭遇不幸时，管理者及公司要及时伸出援手，帮助员工渡过难关。

第三，对于下属的援助应量力而行，切不可开出“空头支票”。管理者对员工的帮助既可以是精神上的抚慰，也可以是物质上的支援，但要在公司财力所能承受的范围内实施。

关心员工疾苦，解决员工的后顾之忧，是管理者调动员工工作积极性的重要方法。管理者懂得用心关怀员工，不但会使员工感激不尽，还会感动其他员工。

四、特别提示

为员工找一个愿意拼命的理由

日本三得利公司的董事长鸟井信治郎被他的部下称为“父亲”。然而，这位“父亲”对员工的要求却十分严格，有时甚至到了令人难以容忍的地步。

每当鸟井信治郎发现工作上的问题，就会毫不留情地破口大骂，直到他满意为止。曾有一位员工因为受不了如此严厉的责备而当场晕过去，甚至有员工挨了鸟井信治郎的责骂后，心情非常低落，便跑到桥上削苹果，以细细长长的果皮来舒缓心情。由此可见，那激烈、严厉的责备，对员工心理造成了多大的震撼。

鸟井信治郎对工作要求严格，但奖励部下时非常慷慨。公司盈利时，他总是将功劳归于员工，并给他们发奖金，奖金一多，常常使员工傻眼：“是不是发错了，怎么这么多呢？”鸟井信治郎发奖金的方式也很特别，他把员工一个个叫到董事长办公室发奖金，常常在员工鞠躬答礼后，正要退出时，他又说：“稍等一下，这是给你母亲的礼物。”待员工要出去时，他又说：“这是给你太太的礼物。”拿了这些礼物，员工正要退出办公室时，又听到董事长大喊：

“我忘了，还有一份给你小孩的礼物。”如此人性化的做法，当然会使员工大受感动，格外努力工作。

鸟井信治郎对部下有如慈父般的呵护备至，却不大肆张扬。

在鸟井商店开业后不久，鸟井信治郎经常听到新来的店员抱怨“房间内有臭虫，害得我们睡不好”，于是一天晚上，在店员都睡着后，鸟井信治郎悄悄地拿着蜡烛在房间柱子的裂缝及柜子间的空隙抓臭虫。店员听到声响后，从睡梦中惊醒，当他们看到正在认真抓臭虫的老板时，都感动得落泪了。

作田是被誉为“没有他就没有三得利公司”的一名创业元老。在作田进入公司后不久，他的父亲不幸过世，由于他进公司的时间很短，与大家不熟，所以他并不想让同事知道他家有丧事，但是在出殡当天，他看到鸟井信治郎率领三得利的全体员工到殡仪馆帮忙，鸟井信治郎本人则站在签到处对前来祭拜的人一一磕头答礼。

丧礼结束后，鸟井信治郎对作田说：“没有车子，你和伯母如何回家？”说完他立刻叫了一辆计程车，亲自送作田和他的母亲回家。

鸟井信治郎这样的举动非常有诚意，当时的作田只不过是一名新员工，就能获得老板如此关照，也难怪作田打心底里感动。后来，作田当上主管后，常对员工提起此事：“从那时起，我就下定决心，为了老板，即使搭上性命也在所不惜。”真诚所至，自然人心所向，这是情感激励能够获得回报的关键因素。

第五章

沟通激励法——沟通顺畅是企业经营成功的前提

激励核心：友好、平等的沟通是企业管理者激发员工工作热情的有效方法。

一、激励原理

沟通是成功的基石

专家认为，职场人士需要具备的三个基本技能依次是：沟通的技巧、管理的技巧和团队合作的技巧。

沟通被认为是其他所有职业技能的基础。关于沟通能力的重要性，美国金融家、总统顾问伯纳德•巴鲁克曾经说过："表达思想的能力和所要表达的思想内容同等重要。"美国加州参议员黛安•范斯坦也指出："一个人拥有的 90% 的领导才能体现在他与人沟通的能力上。"

有些人已经注意到了沟通的重要意义，却忽视了沟通技巧的训练，以至于在自己迫切需要与他人沟通的时候出现了尴尬局面，如下面案例中的比特先生。

"我知道沟通很重要，只是我觉得和别人沟通很困难，和总经理沟通更是难上加难。"谈到沟通时，比特先生愁眉苦脸地说道。

比特先生所在公司的总经理是一位时间观念强、讲求效率的人。上班等电梯时，比特先生碰到了总经理，走进电梯的只有他们两人，而且要从 1 层同乘到 28 层。简单问好后，比特先生不知道该说什么，紧张地思考着话题。他发现总经理也很尴尬，盯着电梯显示屏的数字变化，像读秒一样。好不容易熬到了 28 层，他才记起该向总经理汇报本季度的销售计划。

于是，比特先生来到总经理办公室，准备汇报工作。本来已经想好了内容，可是他很紧张，东说一句，西说一句，总经理听得很不耐烦，手一挥说：“你想好了再说吧。”

倘若这样的事情经常发生在一个人的身上，那么这个人的业绩恐怕不会很乐观，他的工作也难以得到周围人的认同和支持。聪明的管理者和员工应当在工作和生活中提高自己的沟通能力。

在团队管理的各项因素中，最重要的一项是沟通。沟通是团队领导了解团队成员所思所想并解决团队成员各种问题的最直接手段。良好的沟通氛围，能使公司的信息得到畅通的传递，促使决策人员快速做出决定，使员工保持较高的工作效率。因此，有效沟通是建立高效团队的前提条件。

要真正获得员工的心，管理者在公司内部创建完善的员工沟通系统是一个必要的前提。公司管理者只有在了解员工所思所想的基础上解决他们的需求，才能促使员工对企业形成认同感和忠诚度，使员工感觉到自己是公司的一员，才能充分发挥员工的积极性和自主性。

团队管理者还要深入基层，通过充分沟通，了解基层员工的需求、不满和目标，并采取有效措施满足员工的愿望。

团队管理者要多采用非正式沟通的方式，使团队成员时刻感受到团队管理者的关怀，感觉到他们是在为一家很有人情味的公司工作。

出色的团队管理者能够与员工通畅无阻地交流，做到互相理解、紧密合作，最大限度地发挥团队的威力。

二、操作方法

有效掌握会谈沟通三要素

1. 做好会谈沟通的准备

卓越的企业管理者应从以下几个方面做好会谈的准备工作。

（1）收集人员的资料

依照企业组织结构，收集下属人员的姓名、职位、职责说明和目标任务等项目。

（2）发放目标卡

将目标卡交给下属填写。

（3）发出会谈通知

发出会谈通知，约定会谈日期。

（4）拟订计划

管理者拟订会谈计划，在制定目标时要详读下属以往的目标记录表。会谈计划一般包括：明确企业总体目标和部门目标；确定会谈的程序；制定个人目标时需讨论的项目；执行个人目标时需协助的项目；修正个人目标所需的指导方法。

（5）事先整理

为了向下属解释修订个人目标的原因，主管应事先整理理由。

（6）事先调查

为了更好地了解下属的目标及业务，管理者应事先进行充分的调查。调查的内容一般包括：下属过去一年或几年的个人目标；下属过去一年或几年的目标完成情况；下属过去一年或几年影响目标完成情况的因素；下属是否进行了业务调整，调整后的业务是什么；下属对过去一年或几年设定的目标的评价。

总之，会谈沟通是目标管理的重要内容，若想使会谈沟通顺利、有效进行，企业管理者应做好上述各方面的准备，以保证会谈沟通的效果。

2. 如何掌握会谈沟通的要点

会谈沟通的结果直接影响到企业管理的质量，所以优秀的企业管理者都很重视会谈沟通。一般来说，企业管理者在与员工进行会谈沟通时，需要注意以下要点。

（1）做好会谈准备

沟通前，管理者应做好准备工作与前导工作，以利于沟通的进行。

（2）会谈沟通的方式

按接触方式划分，有直接沟通与间接沟通两种；按接触人数划分，有个别沟通与集体会谈两种。

（3）会谈沟通的程序

会谈沟通应具备明确的程序，以利于推进工作。

（4）会谈沟通的技巧

企业管理者应熟悉沟通技巧，说服下属接受适当的工作指导。漫谈式会商的基本步骤如下：确定企业的各项目标；将这些目标与所属各部门管理人员的职能分工保持关联；将管理人员的各项职责转变为各项初步工作目标；决定各项工作目标的标准。

3. 如何确定会谈沟通的程序

企业管理者在做好会谈沟通的准备工作后，应按一定的程序开展沟通工作。成功的企业管理者一般会遵循以下程序进行会谈沟通。

（1）说明部门目标

在会谈沟通的开始阶段，团队管理者应向下属说明团队目标，使下属了解部门目标。

（2）事先检查和讨论

管理者应事先单独与下属探讨工作范围、工作环境，以及达到目标的途径与手段，并指出下属担任的职位。

（3）交换意见

在说明部门目标和下属的工作范围之后，管理者应同下属交换意见，听取下属的看法和意见，讨论最适合下属的工作内容。

（4）发出目标卡

经过双方的意见交流，得到下属认可后，管理者应发出目标卡，由下属填写双方沟通确认的内容。

总之，管理者在进行会谈沟通之前最好确定一个具体的步骤，这样既可以使会谈有条不紊地进行，又可以避免遗漏重要的内容。

三、经典案例

完善的沟通系统是获取员工认同的前提

迪士尼公司是一家拥有上万名员工的大公司。迪士尼公司的管理者早在 20 年前就认识到了沟通的重要性，并且不断地加以实践。现在，公司的员工意见沟通系统已经相当成熟和完善。特别是在 20 世纪 80 年代，这一系统对提高公司员工的劳动生产率发挥了巨大的作用。

迪士尼公司的员工意见沟通系统主要分为三个部分：每月举行的员工协调会议，以及每年举办的管理人员汇报和员工大会。

1. 员工协调会议

迪士尼公司的员工协调会议是每月举行一次的公开讨论会。管理人员和员工共聚一堂，商讨一些彼此关心的问题。无论是在公司总部，还是在各部门、各基层组织，都会举行协调会议。公司的协调会议是标准的双向意见沟通系统。在开会之前，员工可将建议或怨言反映给参加会议的员工代表，代表们在协调会议上把意见转达给管理部门。管理部门也可以利用这个机会，将公司政策和计划讲解给代表们听，与会双方进行广泛的讨论。

要与迪士尼的上万名员工充分沟通意见，公司就必须将协调会议分成若干层次。迪士尼公司内部共有 90 多个类似的组织。如果某个问题在基层协调会议上不能得到解决，员工代表将逐级反映上去，直到得到满意的答复为止。若是事关公司的总政策，就一定要在首席代表会议上讨论通过。总部高级管理人员认为意见可行，就立即采取行动；如果认为意见不可行，就要把不可行的理由向大家解释清楚。员工协调会议的召开时间没有硬性规定，一般都是一周前在布告牌上发布通知。为保证员工意见能迅速逐级反映上去，应先开基层员工协调会议。

迪士尼公司还鼓励员工参与另一种形式的意见沟通。公司在办公区内安装了许多意见箱，员工可以随时将自己的问题或意见投到意见箱里。

为配合这一计划的实行，公司还特别制定了一些奖励规定，凡是员工意见经采纳后产生了显著效果的，公司将给予员工优厚的奖励。令人欣慰的是，公司从这些意见箱里获得了许多宝贵的建议。如果员工对这种间接的沟通方式不满意，还可以采用更直接的方式——面对面地和管理人员交换意见。

2. 管理人员汇报

对员工来说，迪士尼公司管理人员的汇报和每年的股东财务报告、股东大会类似。公司员工每人可以接到一份详细的公司年终报告。

这份报告有20多页，内容包括公司的发展情况、财务报表分析、员工福利改善计划、公司面临的挑战，以及对协调会议所提出的主要问题的解答等。公司各部门接到报告后，就开始召开员工大会。

3. 员工大会

公司利用上班时间召开员工大会，每次参会人数不超过250人，用时大约3小时，大多在规模比较大的部门里召开，由总公司委派代表主持会议，各部门负责人参加。会议先由主席报告公司的财务状况和员工的薪金、福利、分红等员工关心的问题，然后开始问答式的讨论。

在员工大会上禁止员工提出有关个人的问题。员工大会不同于员工协调会议，提出来的问题一定要具有代表性、客观性。只要不是个人问题，总公司代表一律尽可能予以迅速解答。员工大会比较欢迎预先提出问题的方式，因为这样公司管理层可以事先做好充分准备，不过大会也接受临时性的提议。迪士尼公司每年在总部要先后举行10余次员工大会，在各部门要举行100多次员工大会。在20世纪80年代，迪士尼公司的生产率每年以10%以上的速度递增。公司员工的缺勤率低于3%，流动率低于12%，在同行业中是最低的。

四、特别提示

沟通请从“心”开始

有效沟通从“心”开始。只有用心表达，才能使交流变得更加有效、更加顺畅。

企业管理者经常要向员工布置任务，当管理者的工作压力很大时，便会忽视沟通的重要性，只是将工作安排下去，不愿与员工充分沟通，从而导致企业沟通渠道受阻。

河北一家造纸厂常年为一家图文公司提供一种轻型纸。一天，正在外地出差的厂长突然接到这家图文公司打来的电话，急需10万元的胶版纸。

挂断电话后，厂长马上通知业务副厂长下单，并叮嘱尽快投入生产。但是厂长并没有强调客户此次要的不是以往常用的轻型纸，而是胶版纸。副厂长本想多问一下纸张的具体规格，但是一想到厂长平时那种不耐烦的情绪，就没敢再细问。

结果，当纸被运到图文公司后，客户一看不是自己需要的胶版纸，便很不友好地要求退货，造纸厂因此蒙受了巨大的损失。

从这件事中不难看出，由于当时任务重、工期短，厂长在下达任务的时候忽略了与下属进行详细、平和的沟通。厂长既没有向下属强调应该注意的问题，也不具备良好的沟通心态，最后给企业造成了重大损失。

管理者一定要与下属用心交流。那么，管理者怎样才能做到用心沟通呢?

第一，管理者要保持平等的心态，真诚对待员工，并认识到员工在企业中的重要性。员工只有感受到了尊重，才会充分发挥自己的聪明才智为企业效力。

第二，管理者要明白自己与员工之间是合作关系，这就能化解因为沟通而产生的矛盾。

第三，管理者要放低姿态，把员工看作是企业的内部客户，只有让“内部客户”满意了，企业才能更好地服务于外部客户。

第四，管理者对员工应化挑剔为欣赏。一个人只有在得到别人的赏识时，才能够发挥出自身最大的潜力。

第五，管理者要学会与员工分享，分享企业的目标和自身的知识、经验。这样一来，员工自然会对企业产生归属感，把企业的事当成自己的事。同时，员工也会站在管理者的角度思考问题。

第六章

兴趣激励法——恰当的定位是员工保持活力的源泉

激励核心：宝贝放错了地方，就变成了废物；如果把宝贝放对了地方，但是没有好好利用，宝贝同样会变成废物。

一、激励原理

从龟兔赛跑说起

《龟兔赛跑》的寓言流传甚广，说的是一向行动迅速的兔子输给了缓慢的乌龟。这个故事的寓意很简单：骄傲和轻敌造成了兔子的失败，乌龟的胜利归功于它的执着与勤奋。

据说比赛过后，这一结果在动物界引起了很大反响，尤其是兔子家族和乌龟家族反应强烈。两个家族的观点极其相同——是谁组织了这场无聊的比赛？为什么不让猪和猫比爬树？为什么不让大象和蚂蚁比举重？为什么不让鸡与鸭比游泳？这简直就是对我们两个家族的侮辱和诋毁嘛！

兔子家族的抗议理由是，我们承认乌龟的执着与勤奋，但我们更承认：如果一件事情不值得做，就没必要一定做好。我们之所以会输掉这场比赛，是因为我们有其他更重要的事情要做，我们去比赛只是迫于赛事组织者的压力，所以我们只能用睡觉来做无声的抗议。乌龟的反对理由是，我们乌龟只能与乌龟一起比赛，虽然我们获得了比赛的胜利，但我们并不认为我们能够跑过兔子。

于是双方一致要求赛事组织者公开道歉，并保证以后不再发生此类事情。

1. 人才放错了地方就是庸才

有一位哲人说过一句话，大意是：如果把宝贝放错了地方，那么宝贝就会变成了废物；如果把宝贝放对了地方，但没有好好利用，宝贝同样也会变成废物。

企业管理者既不能组织“龟兔赛跑”，也不能把人才放错地方。只有让每个员工都在适合他的岗位上工作，才能最大限度地激发员工的工作热情。

每位员工都是人才，只不过其擅长的方面不同；只要企业为他们提供适合的平台，他们就会成为精英。千万不可把不同类型的人才放在一起比较，这样做不仅毫无意义，而且会挫伤员工的积极性。下面这则故事就很能说明问题。

在一次用人技巧培训班上，一位年轻老总向培训班老师大倒苦水。他愤愤地说：“我们公司有三个不成材的员工，我准备找机会将他们一块炒掉。”培训班老师问：“说说看，他们哪点让你不满意了？”

这位年轻老总说：“这三个人啊，一个整天嫌这嫌那，专门吹毛求疵；一个杞人忧天，老是害怕工厂有事；另一个整天在外面闲逛鬼混。你说可气不可气？”

培训班老师听后，想了想说："这三个人其实都是有用之才，从明天开始，你给他们重新安排工作：让喜欢吹毛求疵的人负责质量管理；让害怕工厂出事的人负责安全保卫及保安系统的管理；让喜欢整天在外面东游西逛的人负责公司的产品宣传和推销工作好了。"

三个月后，年轻老总给培训班老师打电话，老师就问他那三个人怎么样。年轻老总兴奋地说："他们果然都是出类拔萃的！自从他们踏上了新的工作岗位后，个个像吃了兴奋剂一样，工作起来特别卖命！现在好了，我们的产品已经畅销全国，工厂的利润开始直线上升……"

2. 安排工作应该遵循人的本性

仔细思索一下你就会发现，我们做事情积极与否都依赖于我们的动力。如果个人动力不足，想做成一件事情就很难；反之则会激情迸发，发挥出个人的最佳水准。

企业管理者要想激发出员工的全部潜能，就必须深入了解员工的本性，并清楚他们行动的理由。只有管理者在这方面多花心思，根据员工的本性为其安排工作，员工才能充分施展自己的才能。

3. 人人都有适合自己的工作

没有无能的员工，只有不会安排工作的领导。要想让员工充分发挥才能，管理者首先要了解员工的优点。如果你能够发现员工的优点并顺势而为，就能收到很好的效果。例如，有的员工工作起来雷厉风行，有的则非常小心谨慎；有的员工比较善于处理人际关系，有的不爱和人打交道；有的员工爱闹，有的员工喜静等。然后管理者根据企业的特点，结合员工的特长，合理安排他们的工作。

为每个员工找到适合他的位置，是企业管理者的职责，更是管理者领导才华的体现。

二、操作方法

合理调整员工的工作

恰当的职业定位是激发员工工作动力和活力的源泉，单调乏味的工作只会让员工消极怠工、失去激情，甚至萌生去意。

作为企业的管理者，如果你发现自己的员工工作效率下降、没有工作热情和积极性时，你就需要反思自己对员工的工作安排是否合适，他所做的工作是不是他想要做的。如果答案是否定的，你就有必要调整他的工作。当然，前提是你还打算继续聘用他。

要想合理调整员工的工作，让员工发挥自己的才能，管理者必须遵循以下原则。

1. 员工的工作要有意义

员工的工作应具有一定的意义，这样才能让他们拥有成就感。如果员工不理解自己工作的意义，管理者需要向其重点强调。

2. 适度的变化是必要的，但变化不宜过大

任何一项工作都需要有一定的专业性，但不能过分单调，因为简单重复的工作会让员工感到乏味，很容易引起员工的疲劳和厌倦。所以适度的变化是必要的，但变化不可过大——每位员工关注的事都是有一定范围的，离他们的专业或专长太远的事情，即使他们想做也做不好，此为其一；其二，如果员工的工作变化太多，员工就会因为注意力过度分散而降低工作效率，给员工带来不必要的工作压力。

3. 工作周期的长短要适度

员工工作周期的长短要适度，这个原则与工作的变化性原则很相似。过长的工作周期会让员工感到疲劳不适；如果工作周期过短，同样不利于员工充分发挥自己的能力。

4. 让员工自己安排工作计划

对于大多数有工作经验的员工而言，他们有能力安排自己的工作计划。企业管理者只需确定完成目标的最后期限就可以了，这是发挥员工主动性的好方法。

5. 给员工制定一个明确的目标

给员工制定一个明确的目标，然后充分授权。这样员工就会积极努力地工作，并能达到更高的标准。领导只需给他们提供相关的资源就可以了。

6. 真诚地尊重员工及其工作内容

企业管理者在设计各种企业规章制度时，应充分尊重员工及其知识、技术、责任、能力、努力等方面，这样才能有效避免员工产生自卑、不满等影响工作效果的不良情绪。

7. 明确员工对企业的贡献

每位员工的每项工作都是企业运营过程中的重要环节，他们对企业所做的贡献虽然不尽相同，但都是很重要的。企业管理者应该让员工知道，他们的工作在企业中处于怎样的重要地位，他为企业所做的贡献是多么大。

如果企业管理者能够遵循以上原则，就能很好地激发员工的工作热情，而且你会发现，丰富多彩的工作对于员工的吸引力一点儿都不亚于他们获得的报酬。

三、经典案例

让员工做最擅长的事

班•费德文是个销售专家，当他在纽约人寿保险公司工作到第三年时，由于保单量大增，每周他都需要准备许多资料。他发现自己掉入了文书工作的旋涡里，生意越多，他外出销售的时间便越少，工作效率大大降低，业绩因此受到影响。

后来他组建了一支销售团队，聘用了几名员工，让员工在高档、舒适的办公室里工作，替他处理文书档案，把销售团队成员从准备资料的工作中解放出来，以便全身心投入到销售工作中。

他说："我们中有许多人在花时间做那些应该由秘书去做的事情。我们要做最擅长的事情，做最有利于达成目的的事情，充分发挥各自的能力，开发更大的保单，获得更大的效益。"

果然，班•费德文的销售团队很快取得了出色的销售业绩。

"做自己最擅长的事情"，就是要求管理者充分认清自己的团队，在他们的能力范围内为他们制定切实可行的目标。

假如班•费德文在这个销售团队中再加入几个销售天才而不是办事文员的话，这肯定不是一个好的团队，也不能达到预期效果。

四、特别提示

设计出让员工感兴趣的工作

企业管理者必须设计出令员工感兴趣的工作，这就需要企业管理者利用各种设计思想来进行科学的工作设计，使工作具有多样性、完整性、重要性、自主性等特点。

企业管理者可以从以下五个核心维度描述工作，它们是：技能的多样性、任务的同一性、任务的重要性、工作的自主性及工作绩效反馈。

所谓技能的多样性，是指一项工作要求员工使用各种技术才能完成；任务的同一性是指一项工作要求完成一项完整的和具有同一性的任务的程度；任务的重要性是指一项任务对其他人的工作和生活具有实质性影响的程度；工作的自主性是指一项工作给予任职者在安排工作进度和决定从事工作所适用的方法方面提供的实质性自由及自主的程度；工作绩效反馈则是指个人为从事工作所需获得的有关其绩效信息的直接和清晰程度。

除了上面介绍的五个核心维度以外，工作具有的挑战性、成就感及工作带来的可以与别人交往的机会等都会对员工的工作积极性产生影响。在这里需要明确的是：员工的工作积极性取决于那些与工作有关的心理体验。

无数研究结果表明，以下三个关键的心理状态尤其重要。第一，对工作意义的体验。如果员工能体验到工作的意义、重要性，他就会有很高的工作热情。第二，对工作责任感的体验。如果员工能体验到自己对工作结果的责任感，他就会通过努力对自己的工作绩效负责。第三，对工作实际结果的了解。如果员工能通过可靠的渠道随时掌握自己努力的结果，以及这样的结果是否令人满意，他就会更好地反思自己的工作，并调整自己的行为。

如果员工的工作可以引起上述三种关键的心理状态，这样的心理状态将会决定相应的个人结果和工作结果。从个人结果看，会产生高度的内在工作动机和对工作的高度满足感，达到激励员工的目的；从工作的结果看，则会出现高质量的工作绩效及较低的缺勤率和离职率。

需要指出的是，具有上述五项核心工作维度并不一定能引起这三种心理状态。工作核心维度与这三项心理状态之间的联系还受到个人成长需要（对自尊、自我发展和实现的需要程度）的影响。

对于那些具有高度成长需要的员工而言，他们会在丰富化、扩大化的工作中取得良好的结果；对于那些缺乏进取心的员工来说，这样的工作也许并不能真正地激励他们。工作设计的本质，是企业要创造良好的工作环境、工作条件及工作岗位，使员工能够保持工作的积极性，增强工作的主动性和创造性，从而提高工作绩效。下面我们围绕工作特征模型中五个核心的工作维度，进一步探讨怎样进行合理的工作设计。

1. 为员工设计的工作，内容要尽量多样化

企业管理者可以通过任务合并等方式拓展工作的内容，不断要求员工学习新技能。下列几种措施可供参考。

（1）为员工增加一些与其当前工作相关联的新任务。

（2）为员工增加一些原先由经验丰富的员工、专业人士甚至经理做的工作。

（3）为员工设定高一点的绩效目标，让员工用自己擅长的方式实现它们。

2. 尽量纵向扩展工作，增加员工的自主性

企业管理者可以让员工自己选择工作方法，确定工作的急缓顺序、节奏快慢与起止时间，让员工自己想办法解决工作中遇到的实际困难。另外，这种方法可以让员工产生责任感，并掌握一定的自主权。它将使一项工作的“作业”与“控制”两方面得以部分结合，从而大大增强了员工的自主性。

3. 让员工与客户建立直接联系

有些部门的员工，如生产一线的员工，由于他们不直接面对

终端客户，所以他们很难知道企业的产品到底适不适合客户，对于工作没有什么责任感和积极性。管理者应当让员工与客户直接联系，这样做既可以增加员工的技能多样性、自主性和绩效反馈，又可以加强员工的责任感。

4. 尽量把一项完整的工作交给一位员工负责

企业管理者可以将原先由很多自然工作单元段组成的事务，设计成具有同一性的、有意义的一整项工作，并交给一名员工负责，这样就可以让员工产生“此项工作由我做主”的感觉。

5. 打通相应的反馈渠道

管理者在使用这种方法时，最好能让员工直接得到真实的信息，而不要通过上司间接传达给他，这将帮助员工知道自己的工作做得是好是坏。上面提到的让员工跟用户直接接触，就是一条途径。让员工进行质量自检也是一种方法。

在知识经济时代，有效的工作设计不仅能够让员工的工作变得丰富多彩、有意义，而且可以激发员工的积极性和创造性，为企业创造出更多的价值。企业管理者可以大胆地为员工提供工作的自主权，让他们敢于挑战自我，用自己最感兴趣的方式去实现目标，这样就可以达到激励员工的目的。

第七章

危机激励法——增强危机意识，激发工作热情

激励核心：企业管理者要帮助员工增强危机意识，让他们明白企业生存环境的艰险，激励他们自动自发地努力工作。

一、激励原理

危机意识是一种强烈的生存意识

在市场经济大潮中，企业的生存环境可谓瞬息万变，自身资源也在不断地变化之中，企业发展的道路充满危机。

正因为这样，任正非才会警告员工："华为的冬天很快就要来临！"惠普公司原董事长兼首席执行官普拉特则说："过去的辉煌只属于过去而非将来。"未来学家托夫勒曾经指出："生存的第一定律是：没有什么比昨天的成功更加危险。"葛洛夫也有一句名言，即"唯有忧患意识，才能永远长存"，并说英特尔公司一直战战兢兢，不敢有丝毫懈怠，"让对手永远跟着我们"。松下幸之助的一番心里话也许更能让员工领悟其中的真谛："这 50 多年来，我每天都是在不安中度过的。我虽然时时都在不安动摇中，但我具有能抑制那不安与动摇的一面，完成今天的工作，产生明天的新希望，从此找到生活的意义。我这 50 多年，就是这样度过的。如果我没有任何不安，说不定就没有今天的我、今天的公司了。"

企业管理者们对危机的感受是深刻的，一般员工并不一定能够感受到这些危机，特别是不在市场一线工作的那些员工。很多员工容易滋生享乐思想，他们认为自己收入稳定，工作热情也在日渐衰退。因此，企业管理者有必要向员工灌输危机观念，重燃员工的工作激情。同时，这样做也有助于员工理解和支持企业管理者所采取的一些无奈之举。

二、操作方法

如何树立员工的危机意识

一个具有强烈忧患意识的民族，就是一个有希望的民族；一个具有忧患意识的企业一定也是一个充满希望的企业。

对于企业来说，最大的风险就是没有危机意识。成功的企业都是注重危机意识的企业。如海尔集团以“永远战战兢兢，永远如履薄冰”为生存理念，使企业保持蓬勃向上的发展势头。

激励专家认为，管理者采用以下措施可以帮助员工树立危机意识。

（1）向员工灌输企业前途危机意识。企业管理者要告诉员工，企业已经取得的成绩只是历史，在竞争激烈的市场中，企业随时有被淘汰的危险。要想规避这种危险，就需要全体员工努力工作，使企业更加强大，永远立于不败之地。

（2）向员工灌输他们的个人前途危机意识。企业的危机和员工的危机是连在一起的，所有员工都要树立“人人自危”的危机意识，无论是公司管理层还是普通员工，都应该时刻具有危机感。告诉员工“今天工作不努力，明天就得努力找工作”。如果员工在这方面形成了共识，他们就会主动营造出一种积极向上的工作氛围。

（3）向员工灌输企业的产品危机意识。企业领导要让员工明白这样一个道理：能够生产同样产品的企业比比皆是，要想让消费者对自己企业的产品情有独钟，产品就必须具备特色，这种特色就在于可以提供给顾客的是别人无法提供的特殊价值，即“人无我有，人有我优，人优我特”。

（4）在企业内部积极开展自我竞争（技能）、自我淘汰（产品），如果自己不主动展开竞争，别人就会把你淘汰下去。

（5）严把质量关，不让次品出厂。

（6）提高服务质量，认真对待每一次客户投诉，不能因小失大。

总之，企业管理者唯有不断向员工灌输危机意识，让员工明白企业生存环境的艰难，以及由此可能给他们的工作、生活带来的不利影响，才可以有效激励员工自动自发地努力工作。

三、经典案例

破釜沉舟，激励员工奋勇向前

在激烈的市场竞争中，企业经营犹如逆水行舟，不进则退。当企业的发展遇到瓶颈，或者企业已经处于危机的边缘时，企业管理者应该使用破釜沉舟的做法，激励员工向目标发起冲锋。

秦朝末年，秦国派兵攻打赵国。赵军不敌，退守巨鹿（今河北平乡西南），被秦军包围。被项梁、项羽叔侄等各路义军拥立的楚怀王任命宋义为上将军，项羽为副将，让他们率领军队前去援救赵军。但是，宋义带兵走到安阳就不再前进了，在此停留了46天。项羽非常焦急，再三要求他渡江北上，与赵军里应外合，打败秦军。宋义则希望在赵、秦两军打得精疲力尽之时再发兵，以坐收渔翁之利。于是他严令军中不准轻举妄动。与此同时，宋义宴请宾客，大吃大喝，士兵、百姓却忍饥挨饿。

项羽忍无可忍，便杀死了宋义，将士们拥戴项羽为上将军。之后，项羽派出两名将军，率两万人马渡河解救巨鹿。取得小胜后，项羽下令全军渡河解救赵军。在全军渡河之后，他凿沉所有船只，打破煮饭的锅，烧掉营房，只带了三天的干粮，以示决一死战的决心，不给士兵留一点儿退路。

项羽的决心和勇气，起到了很大的鼓舞作用。楚军士气大振，越战越勇，经过九天激战，大胜秦军。这一仗不仅解了巨鹿之围，而且把秦军打得再也振作不起来了。项羽从此威震各路诸侯。

这种破釜沉舟的做法可以在企业管理中起到很好的激励作用，不仅能够把企业所处的境况和危机以最恰当的方式传递给员工，而且能够把管理者决不后退、与员工共进退的思想传达给员工，让员工明白这是决定企业生死存亡的关键一仗。如此一来，员工就会为了自己的利益和企业的长远发展而努力工作。

四、特别提示

让员工感到危机

让员工产生适度的危机感无论对员工个人还是对企业都是有好处的。为什么这样说呢？如果员工感觉自己的工作过于稳定，他们就会丧失工作的激情，影响自己的工作绩效。

员工如若对自己的工作不负责任，就不会主动学习如何应对变化。市场不以人的意志为转移，变化在所难免。当变化来临时，员工只能坐以待毙，被社会淘汰出局。

企业有必要让员工感到危机时刻存在，这样做的益处是显而易见的，当员工们战胜了各种挑战时，他们就会更加自信，为企业做出的贡献就会更大。事实上，只有一种人才能获得稳定的工作，那就是对企业有所贡献的人。

我们不妨做一个假设：一位员工的业绩很差，但企业领导依然留用他，依然给他提供和别人差不多的薪水，如此一来，大家必然会争相效仿，企业就会形成一种无所谓的企业文化。

这样的企业不是没有，而是很普遍：员工们不思进取，整日无所事事，却认为公司“欠”他们的，因为管理层创造了一种“应得权利”的文化。在这种“无所谓文化”的氛围中，员工们的工作状态可想而知。

员工之所以会有这样的思想和行为，是因为他们认为，即使自己工作不认真，或者公司濒临倒闭，也不会为自己带来任何不良后果。

要彻底打破这种“无所谓文化”，或调动那些害怕失去工作的员工们的积极性，就得在风险与稳定之间建立适当的平衡点。如果员工没有危机感，企业管理者就需要为他们创造危机感，绝对不能让员工麻木不仁地混日子。

激励专家们研究发现，随着员工焦虑程度的加深，他们的业绩就会提高。当焦虑度达到一个理想水平时，员工的业绩也会随之达到最高点。不过，如果焦虑程度过高，员工的业绩也会随之下降。激励专家们还指出，当做一件事成功的概率达到 50% 时，人们取得成功的动力最大。换句话说，如果人们追求的目标或接受的任务具有挑战性，但仍有极大可能成功时，人们追求目标或接受任务的动力最大。

在无所事事的工作状态下，人们面临的风险极低，凡事都想当然，不管他们表现得多么差，都会感到很安全；在身处恐惧之中时，人们的风险或焦虑度太高，凡事谨慎，不管他们表现得多好，都没有安全感；但在“努力获得”这种状态下，风险程度适中，人们面临适当的挑战而发挥最好。人们肩负着足够的风险，珍惜自己的努力所得，这恰好能让人们获得满意的结果。

企业要壮大，员工要发展，努力是每一位优秀员工应有的工作态度。因为只有在这种环境中，企业才会有创造性，才能灵活善变，才能获得理想的结果。

总而言之，企业管理者必须引导员工走出“无所谓文化”，确保他们明白危机无处不在：客户随时有可能拂袖而去，企业明天就有可能倒闭，员工每时每刻都会面临失业；说服那些充满恐惧的员工获取安全感的最佳途径，就是帮助企业实现最为关键的目标。告诉员工，如果他们不努力工作，就不会有企业的繁荣，他们就会失去工作。为员工制造适当的危机感，对企业和员工都是好事，只有这样才能激起人们的紧迫感，员工才会充满热情地努力工作。

第八章

竞争激励法——营造你追我赶的工作氛围

激励核心：员工如果不努力工作或工作业绩不佳，就有可能被公司淘汰。在竞争异常激烈的今天，可能失去工作的压力将会极大地激发员工的工作热情。

一、激励原理

没有竞争就没有发展

有两个人到树林里游玩，正当他们兴致勃勃地观赏自然景色时，突然发现有一只大黑熊向他们跑来。两个人一时惊慌失措，但其中一个人马上冷静下来，迅速换上跑鞋。另一个人看着他，不解地问："你换鞋有什么用呢？难道你还能跑得过狗熊吗？"换跑鞋的人说："我不是要跑过熊，我只要跑过你就行了。"话音未落，他已蹿出老远。

在这里，我们姑且不论这则故事折射出来的道义上的问题，我们只讨论这则故事揭示的道理——在残酷的生存竞争中，谁会被淘汰出局。作为一名企业员工，有时候你干得不一定要比"敌人"好，但至少要比同事强。

古人云：生于忧患，死于安乐。员工如果没有面临竞争的压力，没有生存压力，他们就会不思进取，对待工作敷衍了事，这样的员工是不会有什么前途的，这样的公司也不会有什么前途。因此，企业管理者必须从上任的那一天开始，让所有员工知道，只有赢得竞争才能生存，只有赢得竞争才会发展，并让员工深刻体会到，如果他们不努力工作或工作业绩不佳的话，就有可能被公司淘汰出局。

员工要想追求职业生涯的成功，就必须力争上游，这是人们最基本的欲望，也是员工工作的基本动力之一。管理者引发竞争，决出优劣，会唤起员工的工作热情，产生努力向上的精神，激发他们的积极性和创造性。

竞争意识其实是人们渴望认同、渴望卓越的心理体现。企业管理者要充分利用员工的这种竞争意识，有针对性地为他们设立竞争目标，不断激发他们的潜能，为企业做出更大的贡献。

二、操作方法

如何激发员工的竞争意识

怎样激发员工的竞争意识呢？管理者不妨试一试以下方法。

1. 利用员工们强烈的竞争心理

每个人都有不服输的竞争心理，强弱则因人而异。即使一个人的竞争心很弱，他的心中也会潜伏着一份竞争意识，比如说，当他看到邻居新购了一台彩色电视机时，自己的经济虽然拮据，但会想方设法买一台电视机回来。同时进入某公司的两个人，彼此也有不愿输给对方的心理，这就是竞争意识造成的。如果没有强劲的对手，员工的竞争心就会消失，做起事来就会懒散。

需要注意的是，虽然竞争能够提高员工的工作效率，但过度的竞争会使彼此感情恶化，并非一个好办法。因此在让员工展开竞争时，管理者一定要在公平的情况下加以指导。

2. 在企业内部导入分组竞争机制

激励专家认为，最好的激励机制不是试图让懒人变得有活力，而是在企业内部形成高绩效的竞争环境，使员工发挥敬业精神，让不劳而获者无处容身。即使企业不想解雇那些业绩不佳的经理和员工，他们也会主动退出。基于真诚合作的内部竞争，来自同级的压力比来自上级的命令更能促进员工的积极性和工作热情。企业管理者可以在企业内部导入分组竞争机制，具体方法为：将公司业务部门划分为若干小组，每天或每周公布业绩排行榜，月底总结，表彰先进的员工，激励后进的员工。

3. 在企业内部引入外来竞争

管理者应允许内部机构向外界采购产品或服务，使内部相关的供应部门不能再舒舒服服过日子而不思进取。企业将“铁饭碗”变成了“泥饭碗”，员工自然会加倍努力提升产品或服务质量，并努力降低成本以增强竞争力。

三、经典案例

让员工主动展开竞争

在企业管理过程中，员工被动地实施决策目标，带来的结果只能是低效，甚至无效、负效。管理者只有想方设法激励员工主动工作，才能充分发挥员工的主动性和创造性，获得高效益。

凯德在管理自己的员工时，就成功地使用了“竞争”这一方法。有一次他对一个一向很努力的熟练工人说：“卡洛斯，我吩咐你做的一件事情为什么这么慢才做出来呢？你怎么不能像琼斯那样快呢？”

对琼斯，凯德却是这样说的：“琼斯，你做事为什么不能以卡洛斯为榜样，像他那样高效呢？”

不久后，琼斯刚出差回来，凯德便留下一张纸条叫他做好一个铸件，马上送到铁道开关及信号制造厂去。这张条子是星期六写的，但是星期日早上琼斯就把这件事办好了。星期日早晨，凯德在制造厂里看见琼斯后便问：“琼斯，你看见我留下的纸条了吗？”

“看到了。”

“你什么时候去铸呢？”

“我已经铸好了。”

“啊？这是什么时候的事情啊？你真的已经做好了？”

“是的，我已经铸好了。”

“现在在哪里啊？”

“我已经将它送到制造厂里去了。”

凯德听后欣喜异常。琼斯看见上司凯德那种嘉许的态度，自己也觉得非常舒服。

当竞争对象不容易找到时，企业管理者不妨“假设”一个“竞争对象”，让企业员工彼此展开竞争。

对于没干劲的员工，管理者只要告诉他：“你和谁谁两个人，成功是指日可待的。”就等于暗示了他竞争对手的存在。

从某种程度上说，每个人都是有自尊心和自信心的，都希望能够站在比别人更优越的地位上，从心理学上来说，这种潜在心理就是自我优越的欲望。有了这种欲望之后，人才会努力成长，也就是说，这种欲望是构成人工作动力的基本元素。这种自我优越的欲望，加上特定的竞争对象时，会变得特别鲜明。

只要企业管理者能够充分利用员工的这种心理，并设立一个竞争的对象，让对方知道竞争对象的存在，就一定能成功地激发员工的活力，提高工作效率。

四、特别提示

利用“鲶鱼效应”激发竞争

管理学家把用鲶鱼保持沙丁鱼活力的现象，称作“鲶鱼效应”。鲶鱼好似一针兴奋剂，为死气沉沉的沙丁鱼群注入了新鲜的活力，激发了其潜在的能量。毫无疑问，如果没有鲶鱼的威胁，那些沙丁鱼的动力可能永远不会被激发出来。对每一个生命个体而言，动力是内在的，谁都有，却很少被激活。激活动力需要自己的努力，也需要适宜的环境。

企业用人也是一样的道理。一家企业如果长期使用一批员工，就缺乏了新鲜感和活力，容易产生惰性。因此管理者有必要找些外来的“鲶鱼”加入公司，制造一种紧张气氛，这样企业自然就会充满勃勃生机。

多数企业由这三类人组成：一是不可缺少的骨干人才，约占20%；二是以公司为家勤奋工作的人才，约60%；三是东游西荡、拖企业后腿的懒人，约占20%。如何使第三类人减少，使第一类、第二类人增加呢？管理者不妨借鉴“鲶鱼效应”。

第九章

晋升激励法——让升职渠道畅通无阻

激励核心：员工都渴望通过晋升更大限度地展现自己的价值，实现自己的梦想。只要公司的晋升机制合理，就能够提升全体员工的士气。

一、激励原理

用晋升激励员工的士气

世界500强企业的高层领导大多是从企业内部提拔上来的，这表明在企业内部提拔人才不仅利于企业的发展，而且在无形中激励了那些渴望晋升的优秀员工。

员工对晋升的渴望就是他们希望能够最大限度地展现自己的价值，实现自己的梦想。所谓“人往高处走”，说的就是人人都希望能够出人头地、功成名就，在事业上步步高升。

晋升不仅对员工有激励作用，对企业管理者来说，也是一种有效的激励。当企业管理者为鼓励员工追求自身发展而付出了很多努力时，他们自己也将获得很大的进步。换言之，当管理者让下属得到发展时，他自己也会得到相应的发展。

如果企业没有畅通的晋升渠道，如果管理者没有提升员工的魄力，那就是在扼杀企业的生机。可以说，那些在工作中打击、报复、控制员工的管理者，是永远无法将自信和工作激情注入员工心中的，其所在的企业注定会走向没落。

总之，企业管理者要全力打通所有的晋升渠道，让有才华的员工都能看到晋升的希望，并努力让有能力的员工得到晋升，员工们就会愿意在这样的企业中干下去，并想尽一切办法提高工作效率。

二、操作方法

拓展员工的晋升机会

企业管理者要想让员工拥有足够多的晋升机会，正确提拔下属，是要讲究一定的方法和技巧的，以下几点不容忽视。

1. 制度透明，机会均等

企业的晋升机制要透明，让所有员工拥有平等的晋升机会。如果企业没有一个机会均等的环境，人才就难以脱颖而出，不仅起不到任何激励效果，而且会打击员工的积极性。

2. 注重培养质量，减少人才流失

管理者要重视人才培养的质量，减少因用人不当而造成的人才流失。

3. 确保员工能够得到锻炼和提高

所有的晋升方式和方法都要围绕确保员工能够得到真正的锻炼和提高，这样才能体现出企业对员工的爱护和关注。

4. 建立人才储备库，拓宽员工的成长空间

企业要建立内部人才储备库，保证员工在组织内部拥有足够广阔的成长空间。

5. 为员工创造好的晋升环境

企业要创造良好的工作环境和竞争氛围，使员工相信，只要努力工作，做出好业绩，就能够得到晋升机会，这样员工会更有工作积极性和动力。因此，提拔员工时，管理者不可被外在因素制约。否则，优秀的员工将不屑于这一“廉价提升”，使提升失去了激励的意义；员工们也可能为了晋升，相互之间进行恶性竞争，导致士气低落。

6. 晋升要服众，就要有依据

晋升必须要有充足的依据，这样才能真正激励员工自动自发地努力工作。晋升的依据是什么呢？最重要的晋升依据就是员工过去的工作业绩，其余条件都是次要的。晋升的目的是发挥员工的才能。根据业绩晋升也是最公正的办法，因为只有这样，员工的晋升才能服众。

7. 尊重人才成长规律，加强“台阶”考察

通常而言，员工们在某个岗位上工作时，都会有一个最佳时期。有的管理学家提出员工的能力饱和曲线问题，领导要加强“台阶”考察，研究下属在能力饱和曲线上已经发展到哪个阶段了。一方面，管理者要让成熟员工承担难度更大的工作，为他们提供全新的施展才华的平台，对一些特别优秀的员工，要采取“小步快跑”这种破格提拔的形式让他们施展才能。另一方面，对经过一段时间的实践证明，不适应现有“台阶”锻炼的员工要及时调整到下一级“台阶”去“补课”。只要企业管理者尊重人才成长规律，在“台阶”问题上实事求是，就一定能够为企业培养众多的优秀人才。

8. 在快速提拔时要讲究技巧

一个有能力的人，是应该得到快速升迁机会的。但是，请别忘记，人与人是相互影响的，提拔一个人往往会影响到其他人。若管理者提拔不当，就会破坏公司人事关系的稳定性，还可能因此失去被提拔者。因此，在提拔一个人时，管理者要慎重考虑以什么样的速度提拔，提拔到哪一个位置，才不会影响其他人的情绪。美国一家企业在提拔一个年轻人时就处理得极为艺术。这位年轻人很有才华，刚到公司几个月就显现出了非凡的能力，让他的上司显得黯然失色。这样的优秀人才显然应该得到重用，但如果将他提拔到他现任上司的位置或超过这一位置，很可能就会引起争议，破坏公司的稳定。于是这位年轻人被调至远离总部的某个驻外代表处任经理，这实际上连升了三级，但公司内部却没人注意。这个年轻人在新岗位上很好地发挥了自己的聪明才智。

三、经典案例

大胆提升，发挥下属的长处

每个人都有自己擅长的领域，企业管理者若能根据下属的长处大胆授权，往往能够有效激发员工的工作热情。

本田第二任社长河岛喜好在决定进入美国办厂时，企业内预先设立了筹备委员会，聚集了来自人事、生产、资本三个专门委员会中最有才干的员工。河岛不负责制定具体方案，因为他认为自己提升的人会比自己做得更好。河岛没有看过厂房基地，当有人问河岛为何不赴美实地考察时，他说："我对美国不熟悉。既然熟悉那里的人觉得那块地最好，我就相信他的眼光。我不是房地产商，也不是账房先生。"

本田第三任社长久米在"城市"车系开发过程中也体现出了对下属充分授权的原则。"城市"车系开发小组的成员大多是 20 多岁的年轻人。有些董事担心地说："把这么重要的工作交给这帮年轻人，他们会不会弄出稀奇古怪的车来呢？"但久米对此根本不予理会。年轻的技术人员平静地对董事们说："开这车的不是你们，而是我们这代人。"

就这样，这些年轻的技术人员开发出的新车“城市”，打破了汽车必须是流线型的“常规”。那些故步自封的董事说：“这样的汽车能卖得出去吗？”但年轻人坚信：如今的年轻人就是想要这样的车。果然，“城市”一上市，迅速受到了年轻人的追捧。

本田公司的管理者根据每个员工的长处充分授权，大胆起用有能力、有创意的年轻人，激发了他们的工作热情和职业使命感，造就了本田公司的辉煌业绩。

四、特别提示

在企业内部创造均等的晋升环境

在企业内部公开、公平、公正地选拔人才是一种非常好的激励手段，它能在无形中激励其他员工，在企业内部形成良好的竞争氛围，让所有员工都看到希望，激发员工的积极性和进取心。

要竞争就得有一个机会均等的环境，如果没有均等的竞争环境，真正的人才是难以脱颖而出的。从这个意义上说，企业领导下大力气创造一个机会均等的晋升环境，是促进人才成长的关键因素。

需要指出的是，人才总是在寻找各种发展机会，寻找更广阔的职业发展道路。如果他们认为企业不能为他们提供相应的发展平台，或者看到公司中的所有晋升渠道全被封死了，他们就会另投他处。所以，企业管理者要想激励有价值的下属，就要让他们看到，在竞争企业高层管理职位时，他们和外部人员有均等的机会。而且，企业管理者还要让他们明白，在他们和外部候选人条件差不多的情况下，公司会倾向于将机会交给他们。

如果最终的晋升人选是外部人员而非内部人员，企业管理者要认真考虑原因。不应当把这种内心的审查结果归因于企业高层领导或其他下属，应当把研究的结果与那个没有被提升的内部候选人讨论一下：他为什么没有做好充分的准备来把握住这次晋升机会？是企业在考核和评估员工中遇到了什么障碍吗？如果企业出现下一个管理职位空缺，还会出现同样的情况吗？领导为下属的发展做了哪些准备和指导？怎样安慰落选的内部候选人？

需要强调的是，尽管提升内部员工对企业发展很重要，但是要考虑对外部人员的开放问题。如果企业中的所有管理人员都来自内部，就有可能会阻碍新思想和新观念的引入。企业管理者要努力在内部提升和外部招聘之间寻求一种平衡，这样既可以显示领导重视自己的下属，也能为各个岗位挑选到最佳人选。

第十章

任期考评激励法——有能力就上去，没能力就下来

激励核心：企业对管理人员实行任期考评制，实现“能者上、平者让、庸者下”，激发管理者的工作热情。

一、激励原理

实施任期考评的好处

在企业内部实施任期考评制度，有助于企业在管理干部选拔任用过程中形成公开、平等、竞争、择优的良好机制，让更多的优秀人才脱颖而出。

对企业管理人员实行任期制、年度考评制，做到“能者上、平者让、庸者下”。其好处有以下三点。

一是体现动态管理理念，有利于提高管理人员的责任意识及上进心。

二是通过竞争，自然淘汰没有发挥出应有水平的管理人员，减少人为因素的干扰。

三是有利于有能力的管理人员脱颖而出。

另外，此方法还可以保证权力不会长期集中在一个无能管理者的手中。

当然，实施此方法时，企业管理者应本着公平、公正、公开的原则，不能内定竞聘者。

二、操作方法

设计合理的任期考评方式

任期制和年度考评制都是竞争激励的具体形式，企业可以根据自身情况进行设计。

任期制

企业可以通过竞聘上岗的方式，对中层管理人员实行三年制任期，任期届满后自动解聘。任期届满原任职者可以与其他竞聘者同时参加新一轮的招聘竞标，否则即视为自动下岗。岗位发生变动后，中层管理人员的收入和其他待遇也要按新的岗位发生相应变动。

年度考评制

企业对中层管理人员实行一年一次年度考评、三年届满任期考评制度。企业可根据自身情况设定各种考评项目，按百分制考核，给出各项的具体分值。绩效可分销售收入增长、利润增长、高新产品比重、优质品率等不同的小项。考评时由综合管理部门、质量部门、监督部门、上级领导和本部门员工分别给每一个被考评对象打分，其分值分布要合理，如本部门员工考评的平均分占总分的 30%，综合管理部门、质量部门占 15%，监督部门占 10% 等。

三、经典案例

许继集团的三年任期制

许继集团对竞聘上岗的中层管理人员实行三年任期制。三年任期届满后，他们就会按上述量化的考评标准对每位中层管理人员进行一次综合考评。在对各单位特别是对子公司管理人员的考评中，坚持以市场为导向，以市场占有率、利润率、资产增值率等标准来评判其经营效果，确定其任期贡献；以科研投入占销售收入的比例、每年新产品销售收入占销售总额的比例等来评判其成长性；以员工结构比例来评判其员工队伍素质；以优质品率来评判其产品及工作质量；以人员淘汰率等来评判企业内部管理的活力；以员工收入拉开档次的比率等来评判员工是否充分发挥了工作积极性。

当这些管理者任期届满后，现任经营管理者的职务即自行解除，进入下一轮任期时按招标竞聘制重新招标，张榜公布集团所有单位和部门的标的，现任经营管理者和符合条件的员工均在同等条件下参加竞聘。前任经营管理者如果不重新参加竞聘，就视为自动下岗。考虑到工作的连续性和经营管理的成熟有一定过程等因素，任期届满的经营管理者竞聘原岗位时，在学历和年龄上不作限制。被聘用的经营管理者在任期内享受相应职务的待遇，一旦遭到解聘，就不再保留原有级别和待遇。

四、特别提示

任期考评可以有效解决管理者“出”的问题

实施任期考评制有助于解决管理者队伍建设中一个最棘手的问题，即怎样“出”。

通常而言，管理者的选拔任用是“进”的问题，而管理者的退休、撤职、罢免、解职、辞退是“出”的问题。历来企业较重视“进”的问题，通过选举、任命、考任、聘任等方式培养和储备了一大批各级管理者，但对“出”的问题却重视不够，没有形成成熟的做法，致使管理者“出”口不畅，管理者伍日渐庞大。

这样就会在广大管理者中形成了一种思维定式，即升职则皆大欢喜，去职则闷闷不乐，甚至抬不起头来。这种思维方式不转变，管理者队伍的良性循环就不能建立起来。

其实，解决这一问题的关键，就在于确立一种正常的“下”的制度，使管理者在任职期满后解职成为一件正常而普遍的事情，缓解管理者的心理压力，彻底扭转管理岗位任职终身制的现象。

第十一章

榜样激励法——榜样的力量是无穷的

激励核心：模范员工拥有强大的感染力，他们是企业的宝贵财富。

一、激励原理

榜样的力量

“无论你们在过去的学习中取得了怎样的成绩，你们都有理由对自己的未来充满信心。”在哈佛大学的一次毕业典礼上，校长这样对即将毕业的学生们说。当学生们问他为何这样说时，这位校长笑着说：“因为在过去四年当中，你们一直生活在一个能够与柏拉图为友的地方，能够成为你们榜样的，都是一些有资格成为全人类榜样的人！毫无疑问，在成功者周围待了四年之久的人，以后也一定能够取得成功！”

榜样的力量是无穷的，树立一个好榜样，能够引起人们在情感上的共鸣，给人以鼓舞、教育和鞭策，能激起人们效仿和学习的愿望，能丰富人的感情，端正人的思想，指导人的行动。

模范员工拥有强大的感染力。一方面是因为这些员工通常具有极强的生产力，他们大都已经在自己的工作岗位上做出了超出常人的成绩；另一方面是因为这些员工能够在自己周围形成一种良好的氛围，可以不断促使身边的同事自动自发地努力工作。所以从这个角度来说，模范员工对任何组织来说，都是一笔十分宝贵的财富。

二、操作方法

怎样培育榜样员工

榜样员工是在实践中逐步成长起来的，是从企业成员中脱颖而出的优秀人物。成为榜样是员工的自身素质与企业优良的环境共同作用的结果。

在培育和造就榜样员工时，企业应做好以下三个方面的工作。

第一，企业管理者要善于发现和挖掘榜样员工。榜样员工在成长的初期，通常没有什么惊人的事迹，但他们的价值取向往往是进步的，是与企业倡导的价值观保持一致的。企业管理者要善于通过员工的言行了解他们的心理状态，及时发现具有员工楷模特征的“原型”。

第二，企业管理者要注意培养榜样员工。发现具有员工楷模特征的“原型”后，企业管理者要为这种员工成长为榜样员工创造必要的条件，开阔他们的视野，增长他们的知识，扩展他们的活动领域，为他们提供更多参与文化活动的机会，以便他们增强对企业环境的适应能力，更深刻地了解企业的文化价值体系。

第三，企业管理者要着力造就榜样员工。通过对榜样员工的言行给予必要的指导，让榜样员工在经营管理活动或文化活动中担任一定的实际角色或象征性角色，让他们得到必要的锻炼。当榜样员工基本定型后，企业管理者应该认真总结他们的经验，积极开展宣传活动，提高他们的知名度和感染力，最终使之成为绝大多数员工认同的榜样，发挥其应有的激励作用。

三、经典案例

给员工树立一个好榜样

汉堡王快餐店的员工每天要接触大量的顾客，他们每一分钟的表现都会影响快餐店当天的业绩。这就意味着，要想使快餐店保持好的业绩，快餐店的管理者要激励自己的员工时刻关注自己的业务水平。在这种情况下，评选“每日优秀员工”无疑是一种非常有效的激励方法。

汉堡王的员工在每天下班之前，都要对自己当天的工作进行总结，然后快餐店经理会根据自己当天的观察和员工评选的结果公布当天的优秀员工名单。不仅如此，他还会告诉大伙这些员工被评选为优秀员工的原因，他们的哪些行为是值得肯定的，具体做法是怎样的，以及门店将给予他们怎样的奖励。结果这些门店经理们很快发现，这些优秀员工的做法会被几乎所有的同事复制。就这样，没过多长时间，那些曾经“优秀”的做法成为了标准做法，门店经理就会在此基础上发掘出一些新的、更加优秀的做法，然后按照同样的方式进行表扬和肯定；同样，没过多久，员工们的工作水平又达到了一个更高的台阶。通过不断地评选新的优秀员工，并推广这些员工的做法，汉堡王快餐店的作业水平不断从一个高度上升到又一个高度。

许多国际知名大公司也在用评选优秀员工的方法来激励员工。玫琳凯公司总部的大厅里挂的不是公司的座右铭，也不是创始人的头像，而是那些在全球各地的玫琳凯分部取得优秀业绩的员工。为了激励全体员工再接再厉，在公司内部的经验交流会上，那些业绩优秀的员工还会受到极大的尊重，成为公司的明星人物，成为其他员工模仿的对象，这些员工的故事也会在最短的时间内被广泛传诵——一方面是因为员工的工作有很大的相似性，员工们很容易从这些优秀员工身上看到自己的影子；另一方面是因为这些优秀员工所得到的待遇也促使他们更加努力。

评选优秀员工能够起到激励作用的另一个原因，是因为它比较容易在公司内部广为流传。毕竟，人类有一种微妙而真实的心理：我们都想知道别人的生活是怎样的。特别是那些能够反映其他人生活内容的细节性信息。因此，“推举模范员工”就是一个有效的激励举措。由于模范员工本人往往就是普通员工中的一员，他所面对的很多问题也是普通员工在日常工作中所面对的问题，所以，推举模范员工可以营造一种良性的竞争氛围，还可以为其他员工找到提高技能的方法。因此，在推举模范员工的时候，管理者可以将那些当选员工的具体工作方法制作成非常标准而且实用的员工工作手册。

四、特别提示

树立榜样员工需要注意的事项

企业管理者在寻找榜样员工时需要注意哪些方面的内容呢？

首先，根据企业需求，树立不同层次的榜样员工。

每一家企业中都有各种各样的员工，他们拥有不同的背景，成长道路也不尽相同。企业管理者在树立榜样员工时，应该善于树立不同层次和不同类型的榜样。只有这样，不同类型的员工才能准确找到最适合自己学习的榜样，榜样员工的激励效果才会更为显著。

其次，树立榜样员工一定要真实。

企业管理者在树立榜样员工时，不能胡乱虚构，不能任意拔高，不能一好百好。如果其他员工知道“榜样”是不真实的，是虚构的，这比没有榜样要坏得多。因为真相一旦被戳穿，员工就会有逆反心理，从而消极怠工，对企业管理者所说的一切都持怀疑态度。

再次，不能神化榜样员工。

企业在树立、宣传榜样员工时并非越完美越好，而应本着能够为大多数员工所接受并乐意仿效的原则来进行。

最后，企业要合理引导员工正确对待榜样员工。

企业在号召员工们学习榜样时，要注意合理引导，让他们正确对待榜样员工，学其长，避其短，不能求全责备。既要防止员工们机械式的“死”学，又要防止因榜样员工身上出现某些不足而全盘否定。

第十二章

目标激励法——有目标才会有激情

激励核心：给员工设立一个值得为之努力的目标，往往比提供物质激励更为有效。

一、激励原理

目标是最好的激励

研究表明，绝大多数人的智力水平都相差不多。然而，这些人在走过漫长的人生之路后，有的人硕果累累，有的人却碌碌无为。本是智力相近的一群人，为何他们的成就却有天壤之别呢？卡耐基的一份调查或许能够说明问题。

卡耐基曾对世界上一万个不同种族、年龄与性别的人进行过一次关于人生目标的调查。他发现，只有 3% 的人能够明确目标，并知道怎样把目标落实；而另外 97% 的人，要么根本没有目标，要么目标不明确，要么不知道怎样去实现目标……10 年之后，他对上述对象再一次进行调查，结果令他吃惊：调查样本总量的 5% 找不到了，95% 的人还在；属于原来 97% 范围的人，除了年龄增长 10 岁以外，其生活、工作、个人成就几乎没有太大的起色，还是那么普通与平庸；而原来与众不同的 3%，却在各自的领域里取得了相当大的成功，他们 10 年前提出的目标，都在不同程度上得以实现，并正在按原定的人生目标走下去。

原来，不凡之士与平庸之辈最根本的区别，并不在于天赋，也不在于机遇，而在于有无明确的人生目标。人生若没有明确的前进目标，将会一事无成。贸易巨子宾尼说过："一个心中有明确目标的普通员工，会成为创造历史的伟人；一个心中没有明确目标的人，只能是个平凡的员工。"

企业通过目标激励员工，不仅成本低、效果好，而且能产生以下的相关效应。

目标是决策的前提。如果没有目标，我们就只能走一步看一步，处于不确定的状态之中，就像汪洋中的一条船，不仅会迷失方向，而且有触礁的危险。

目标是合作的一面旗帜。目标能否实现关系到所有员工的利益，自然也是鼓舞全体员工斗志、协调全体员工行动的关键因素。

目标使员工能够把握方向。如果把握不了前进的方向，员工的力量就得不到有效释放，更谈不上提高工作效率了。

目标使资源更集中。明确了目标，企业的资源就会更加集中，员工的注意力也会更加集中。

目标可以拓展员工的发展空间。在明确了目标后，员工可以发挥个人优势，产生更好的结果，并因此获得更大的发展空间。

由此可见，要让员工主动跑起来，管理者首先要给员工一个明确的前进方向。

二、操作方法

协助下属制定目标的具体步骤

每一位企业管理者都需要协助下属制定目标。企业管理者在协助下属制定目标时，需要按以下步骤进行。

1. 告诉下属目标方针

目标及方针首先从总经理开始提出，再到各部门经理，再下达到基层主管及个人。企业既要明示目标，也要明示方针，使下属不但明白目标的方向，了解其重点，还能据此设定自身目标，并将个人目标与企业的整体目标关联起来。

2. 协助下属设定目标

企业管理者先明示自己的方针与目标，务必完全且得体，而且数量不可太多；然后与下属举行有关目标的讨论会，决定本部门目标。在举行共同讨论会时，企业管理者要提高下属的参与感，不要让下属有被迫同意的感觉，同时要让他们明白自己的任务范围。目标具体化后，管理者仍要与再上一级的主管共同讨论后才能定案。

3. 做好目标管理

要做好目标管理，企业管理者首先要重新检查每个职务的分配情形，必要时加以调整，并尽可能做到职务分配合理化及简单化。在分配量方面，工作方式一经简单化，企业管理者应研究每个人的工作内容是否可以再充实些，以提高下属的工作满足感。

4. 下属先提出自己的草案目标

在目标管理体制下，下属一定要先提出自己的草案目标，而不是照抄上司的目标。具体过程如下。

（1）整理出自己职责范围内的全面工作。

（2）描绘出自己心目中理想的工作方法。

（3）思考部门内应有的理想状态是什么样的？应该履行哪些任务？

（4）确定问题的核心并将其列为“目标项目”。

（5）决定目标的达成基准。

（6）思考达成目标的方法。

（7）分析达成目标的必要条件。

（8）整理目标以外的例行管理项目。

（9）对上述工作进行总检讨。

5. 检视下属提出的草案目标

企业管理者审核下属制定的草案目标是否妥当。如果不妥当，企业管理者需要和下属研究并调整，在其了解、同意之后，再修正草案目标。

部门经理确认下属的草案目标正确与否，确认重点包括以下几项。

（1）与上级目标的关联性。

（2）下属之间的横向目标关联性。

（3）各项目标是否均衡。

（4）条件的稳妥性。

（5）目标的数量化、具体化。

6. 沟通、修正下属的草案目标

企业管理者在告知部门目标、主管目标后，应要求下属妥善订立自己的目标。在下属提出初级目标后，若企业管理者发觉目标不妥，应及时协调、讨论、修正。在协调过程中，企业管理者千万不可使用“权威方式”任意指派。

在修正时，采用的讨论方式有以下三种。

（1）听取下属说明。通过坦诚的人际关系，促使下属自发地努力工作，完成目标。

（2）修正草案目标的方法。修正下属的目标，其重点包括：调整上下阶层；调整横向阶层；调整直线与辅助部门。

（3）讨论后的修正。在接受下属的说明以了解情况时，上级若有疑问或不明之处，应该立即提出。假如下属的目标与上级的目标有差距，双方必须彻底探讨，了解具体原因之后予以修正。部门经理一定要尊重下属的自主权，以免下属丧失达成目标的意愿。

总之，部门经理在协助下属制定目标时既要明示上级的目标及方针，使下属了解具体的目标范围和方向，又要注意加强与下属的沟通，让其充分发挥自主性，最后进行讨论和修正，这样才能达到满意的效果。

三、经典案例

让下属明确前进的方向

盛田昭夫是索尼公司的创始人，是日本声望很高的企业管理者之一。在学生时代，盛田昭夫就知道：有一个名牌电子厂商，在一家学校建起了规模庞大的实验室，并采用了最先进的设备，提供给科学家安逸舒适的工作环境，希望他们能做出令人震惊的成就；但是很遗憾，科学家们连一项发明都没研制出来。

创立了索尼之后，盛田昭夫逐渐了解到，在产业界，除了理论背景和前瞻性的研究发展之外，最重要的是树立一个集中全力追求的伟大目标。

索尼公司在盛田昭夫的管理下，巧妙地将基础科学和应用科学有机地结合在一起，共同为开发工作服务。例如，井深大决定“造一部录音机”时，公司研究开发人员对录音带的制造、录音机的结构一无所知，甚至连录音机都没有见过，听起来简直有点儿“荒唐”。

索尼公司的这些开发人员硬是研制出来了录音机。他们把基础物理、基础化学这些基础科学和应用物理、应用化学这些具体知识糅合在一起，由基础研究走向应用研究，从每一个部件着手，潜心研究，细致开发，最终取得了成功。

因为从来没有接触过，这些研究看起来好像无从下手，甚至显得有些盲目，但这项研究和其他的盲目研究有一个本质区别，那就是后者毫无目标，而前者目标明确。

盛田昭夫在开发家用录像机时也是如此，先给自己的人才寻找目标，然后引导他们进行开发。

当美国几家主要的电视台开始使用录像机录制节目时，索尼公司就看好这项新产品，感觉它完全有希望“打入”家庭，只要从内部结构和外观设计上加以改良，就会受到千家万户的欢迎。一个新的目标就这样确立了，开发人员又有了努力的方向。他们先研究现有的美国产品，认为它既笨重又昂贵，这是通过研究开发可以改进的主攻方向。新的试验样机就这样一台接一台地造了出来，它们一台比一台轻盈、小巧，离目标也越来越近。但是井深大总觉得没到位。最后，井深大拿出一本厚厚的书，放到桌面上，对开发人员说，这就是卡式录像带的大小厚度，但录制时间应该在一小时以上。

这样的目标已经非常具体了。开发人员再一次运用掌握的基础知识，结合应用科学，调动自己的聪明才智，进一步开发自己的创造力，终于成功研制出了划时代的 Betamax 录像机。盛田昭夫强调，企业管理者必须不断给工程师制定目标。制定的目标必须具备三重属性，即科学性、实用性、超前性，这样才能走在对手的前面，在竞争中立于不败之地。

四、特别提示

管理者的目标和员工的目标是一致的

松下幸之助曾经指出，管理者的目标和员工的目标是一致的，老板与员工是同进退的。经营者在变幻莫测的商战中，难免遭遇资金周转不灵的情况，这可能是由于经营不景气所致，也可能是企业谋求进一步发展所需。在这个时候，有多种筹款途径可供选择，但成功的概率不一定有多高，尤其是在前一种情况下。那么，经营者是否会想到向员工借钱呢？

松下幸之助是一位非常出色的融资高手和利用资金的高手。他也遇到过资金极度困难的时候，而且不止一次，但他都能够从容地应对。虽然没有向员工借钱，但他坦诚地说："在严峻的时候，银行也未必肯贷款，我想到的是，公司现在有1 500多名员工，他们手头有多少钱呢？或许有多有少，可能平均有10万日元。向每个员工借10万日元，就可以凑上15亿日元了。有了这些钱，就足够维持了。"松下不仅如此想过，也如此表露过，结果得到的回应是相当积极的，大家都乐于接受他的建议。只不过，每次松下都还没来得及付诸实施，就已经渡过了难关。

第十三章

娱乐激励法——在欢笑声中提前完成任务

激励核心：幽默不但可以减轻疲劳，而且能够振奋精神，对那些从事重复性劳动的人尤其有效果——他们往往能够在轻松愉快的气氛中超额完成任务。

一、激励原理

用幽默激励员工

工作中的乐趣与员工的生产率、创造性、满足感、士气及耐力都有直接的关系。换言之，员工们在轻松幽默的环境中工作效率较高。

当我们将幽默和娱乐融入我们的工作与生活中时，我们自然会缓解紧张、树立信心，重要的是使工作和生活变得轻松些。

幽默不但可以给我们的生活带来许多快乐，而且可以让我们拓宽人际关系，增长我们的才能，取得事业的成功。

企业管理者运用幽默可以取得以下几个方面的效果。

1. 提高领导威望

幽默不但可以为我们带来愉悦和欢笑，还存在着一种能帮助管理者提高威望的巨大力量。

2. 缩短领导与员工之间的距离

当企业领导与管理人员之间、管理人员与普通员工之间、员工与同事或其他上下级之间发生一些不快时，企业管理者运用幽默艺术可以快速消除这些矛盾，使人际关系迅速恢复正常。

3. 坚定必胜的信念

管理者运用幽默进行管理，可以鼓舞员工斗志，坚定必胜的信念。

幽默是一个人智慧的表现，是素质修养、经历学识、品格涵养等多方面才华的结晶。管理者只有在日常生活中勤奋学习、明察秋毫、勤于积累，不断地丰富自己，才可以巧妙运用幽默管理艺术，达到激励员工的目的。

二、操作方法

让员工在工作中寻找乐趣

美国的安妮•布鲁斯和詹姆斯•S. 伯比顿在其所著的《员工激励：发掘员工最大潜能》（2003 年）一书中，提出这样一种观点："工作不是我们为了生存而付出的代价。恰恰相反，是我们生活中有趣的一部分。我们每天应该做我们喜欢的事。"

他们认为，"我们必须做许多我们不愿意做的事，这就是生活。但是当我们在日常工作中不断注入能给我们带来欢乐的东西时，我们就会保持我们的激情"。

说起来容易做起来难，企业管理者应该怎样让员工的工作充满乐趣呢？以下几点，供大家参考。

1. 搞个娱乐建议箱，全体员工群策群力齐献计

用彩色纸、彩色笔做一个娱乐建议箱，只要感觉某人提的建议好，就试试它；如果有许多条建议，那么从中选出最好的一条。

2. 树立娱乐榜样

树立娱乐的榜样，展现既能努力工作又能够享受到工作的乐趣。

3. 从小事开始，努力营造欢乐的环境

从报纸上剪下一幅可笑的漫画或一篇可笑的文章，并把它与他人共享。

4. 展现创新思维

企业管理者可以建立一些富有创造性的部门，帮助员工了解在组织之外如何思考。通过创新手段，找到更好的、更廉价的、更快捷的解决问题的方法，这会使人感到快乐。

5. 起个幽默的名字

可以给自己，也可以给员工，或者公司产品，起一个十分有趣的绰号或名字，这样大家在叫起这个名字时，就会展现会心的微笑。需要注意的是，企业管理者在给员工起绰号时，不能起带侮辱性的绰号。

6. 赞美或表扬员工

以个人名义感谢或公开表扬的方式来激励员工，会让员工从心底里感到高兴。

7. 请一个人出来主管幽默

企业管理者可以专门邀请一个幽默的员工主管幽默，这对娱乐激励的发展很有帮助。

8. 给员工意外的礼物

当员工过生日或员工家属过生日时，如果企业管理者能够记得并给他买一个礼物，他们绝对会因为这意外的惊喜而非常感动。

当然，我们并不是说要将工作场所变成娱乐场所，我们这里所讲的快乐与工作是为工作而快乐，为快乐而工作。只要让员工在工作中保持快乐，就能保持员工长久的激情。

三、经典案例

幽默也能挣大钱

有管理专家称：幽默也能挣大钱，运用幽默进行管理将是众多企业提高效益的上佳之选。

西南航空公司在美国赫赫有名，他们的幽默激励被人们津津乐道。可以说，人人都渴望成功，人人都渴望被成功激励着前进。然而管理者清楚，要想让员工获得真正的成功，激励员工的重点在于让他们心甘情愿地工作，或做他们喜欢的工作。快乐具有无穷的影响力，它不仅影响行为，也是员工成功的重要因素。因为当员工们在工作中感到乐趣时，他们就会精力充沛，就会受到激励，进而把工作做得更好。幽默作为营造快乐最重要、最直接的因素，它可以使工作不再那么枯燥。当管理者将幽默融入员工的工作中时，员工就会缓解紧张、树立信心、减轻压力、快乐工作。

西南航空公司的管理者们经常鼓励员工利用幽默的方法使工作充满激情和快乐。如果乘客曾经乘坐过这个“空中欢乐客车”，很可能会看到一个充满创造性的、独特的乘务员模仿如何应付紧急情况。

“当音乐响起时，你可以有 50 个理由离开你的爱人，但你只有 6 个理由离开我们的飞机”或“那些想抽烟的朋友将会被我们请到机翼上去，在那儿我们将为你演一场电影《随风而逝》”或者“虽然我们从不希望机舱内的压力发生变化，如果一旦发生……别尖叫，来一杯啤酒，喝下去”。

看完这些幽默的话语，也许你会说：“真有趣，这听起来就像一个游戏。”是的，西南航空公司得到的结果是：忠诚的顾客从四面八方发来数以千计的信，对他们的工作表示赞赏。在飞机上，与其他航班不同的是，乘客们都高度重视紧急措施并记得一切方法！这难道不重要吗？面对西南航空公司屡屡打破的利润纪录，幽默快乐的确让管理者实实在在地领教了它不同寻常的功效。最起码，它会使员工焕然一新、团结合作，在快乐中消除孤独感或被抛弃感。

由此可见，用幽默的方式让员工感受工作的快乐并以此激励员工，是一种非常好的方法。

四、特别提示

用幽默进行管理

美国某研究机构曾对1 160名管理者做过调查，结果显示：77%的管理者在员工会议上以讲幽默故事来打破僵局；52%的管理者认为幽默有助于其开展业务；50%的管理者认为企业应该考虑聘请一名“幽默顾问”来帮助员工放松；39%的管理者提倡在员工中“开怀大笑”。一些著名跨国公司，上至总裁下到一般部门经理，已经开始将幽默融入到日常的管理活动当中，并把它作为一种崭新的培训手段。

在改善人际关系方面，幽默的功效也尤为显著。幽默专家们表示，幽默可以使人与人之间的关系变得融洽，轻松化解公司的内部矛盾。

在裁员问题上，幽默可以化解裁员过程中可能出现的各种风险，作用也是显而易见的。美国某公司曾解雇了40%的员工，考虑到由此可能引起的种种问题，该公司管理层聘请了专门的幽默顾问，利用两个月的时间对1 600多名员工实行了幽默计划，在公司内开展了各种幽默活动，结果没有出现公司所担心的企图自杀、聚众闹事、威胁恫吓、阴谋破坏等可怕后果。

心胸狭窄、思想颓废的人是不会幽默的，会幽默的也只有那些热心肠的人。是的，幽默是只有强者才能拥有的特权，既代表了强人的韧性，也代表了强人的胆量。

当然幽默是一种创造性的本领，不是看人家说自己就会说的，它必须要有较高的文化素养、丰富的语汇、灵活多样的表达方式及较强的语言组织能力；需要对古今中外、天南海北、历史典故、风土人情及各种各样的事情都有所了解和掌握；需要随机应变，根据对象、环境以及刹那间的气氛而定，不能光为了幽默而幽默。

第十四章

名字激励法——记住名字能让员工对你好感倍增

激励核心：拿破仑曾说："能叫出士兵的名字就等于买下了他的半条命。"同样，企业管理者能够记住普通员工的名字，对员工而言就是一种激励。

一、激励原理

亲切地叫出员工的名字，员工自会感动

姓名只是一个人的代号而已，本身并没有什么特别的意义。但如果在一群陌生人中，忽然有个人亲切地叫出你的名字，然后你努力地思索，终于想起这是你前不久认识的人，你是不是会对他产生一种亲近感呢？

这说明记住别人的名字在软化人际关系中，是一种无形的力量。在企业经营管理过程中，企业管理者也要善用此种方法来激励员工。

企业管理者能够记住员工的名字，其意义远远不只表明他记忆力好，而是体现了他对员工的重视程度。记住了别人的名字，就应该在见面时打招呼，或在分派工作时把别人的名字叫出来。

聪明的企业管理者都知道，在他和员工谈话时，员工可能会对你保持一定的距离感甚至敬而远之。你应该率先直呼员工的名字，而且，他的名字可以是全部谈话中最主要的词语。

大企业中由于员工众多，企业管理者要想在短时间内记住上百或几百个人的名字是有困难的，但和企业有直接工作关系的部门

主要负责人和主要员工的名字你不可不记。如果一个企业管理者连周围员工的名字都记不住，员工也不会以公司的主人公自居。相反，如果你在面对平时接触很少的员工时也能叫出他的名字，试想一下，那会起到什么样的效果，员工会说“某某领导居然还记着我的名字呢”。

美国前总统罗斯福能准确叫出他在白宫时花匠和清洁工的名字。即便在卸任多年后他回到白宫去，仍能大声直呼其名，和他们打招呼，这些下属们感动得热泪盈眶。

罗斯福总统认为，一种最简单、最明显、最重要的得到好感的方法，就是记住别人的名字，使人感到被重视。克莱斯勒汽车公司为罗斯福制造了一辆轿车，当汽车被送到白宫的时候，一位机械师也去了，并被介绍给罗斯福，这位机械师很怕羞，躲在人后没有同罗斯福谈话。罗斯福只听了一次他的名字，当他们离开白宫的时候，罗斯福就找到这位机械师，与他握手，叫出他的名字，并感谢他到华盛顿来。

二、操作方法

记住他人名字有技巧

记住员工的名字并不易，但企业管理者只要能够意识到，员工的名字如同钻石那样有价值，就一定会为此努力。对于那些平时较少接触，特别是较易忘记的名字，更需要企业管理者花时间记住。

记住员工姓名的方法有以下几种。

如果你刚开始没有听清对方的名字，就必须抱着歉意请对方再说一遍。如果对方的名字很特别，你不会写名字当中的某个字，或者你不知道具体是哪个字，你可以问对方怎么写；然后在和对方的交流中，一再地重复对方的名字，并在交谈时将对方的名字和他的表情、身材及面貌特征一起印在自己的脑海之中。

如果你和一位员工是初次见面，你们通常会交换名片。如果只是看了一眼那张名片，便放进口袋里，是很难记住其名字的。当员工把名片递给你时，你要把对方的名字读一遍，然后找机会一再重复对方的名字。

如果你记不牢白天所交往的人的名字，不妨在晚上入睡之前，把当天交换过的名片或通信地址拿出来重新看一遍，回忆交换名片时的情景，这种记忆法比其他方法都要有效。

对于那些由人事部门新招聘进来的员工，企业管理者可以借助浏览他们的人事档案，先熟悉他们的情况，当见到员工本人时，再作进一步的深入交流。

三、经典案例

叫出他人名字，会让人对你好感倍增

美国一位私立学校的校长深谙“叫出对方名字”的魅力，他把记住每一名学生的名字当成每天的作业来练习。如果是一年级新入学的学生，他就靠着他们的照片来记名字。因此，当校车把学生送到学校时，校长能叫出每一位学生的名字，并寒暄一番。这对刚刚接触新环境、心里难免有些忐忑不安的新生来说，无疑是吃下了一颗定心丸。对于支付了几千美元学费、爱子心切的家长来说，校长的招呼也使他们大为安心，因为他们从孩子的口中得知，校长很照顾他们的孩子。因此，大多数家长都愿意把孩子送到这所私立学校。与此相应，该校的注册率加倍增长，教学设施得以扩充，成为了该区最富盛名的明星学校。当然，我们并不能把这一斐然的成果完全归功于校长记学生名字这件事，但不可否认的是，这位成功地扮演了教育家和营销员双重角色的校长，无疑是最大的功臣。

四、特别提示

亲切地叫出员工的名字

谁都希望自己的老师、上司能尽快记住自己的名字。人们对自己的名字为什么会如此感兴趣呢？原因很简单：人人都希望受到尊重，被别人记住名字是自尊感的一种表现。美国成人教育家戴尔·卡耐基说："记住别人的姓名并容易地叫出，你即可对他有了巧妙而有效的恭维。"

每个人都有这样的感觉，30 年甚至 40 年不见的朋友或者同学见面时，如果仍然能叫出他的名字，是多么高兴的一件事。接触很少或者仅仅在很短的时间内会过一面的人下次见面时，如果仍能叫出他的姓名，会使人有一种一见如故之感，使人感到格外亲切。如果一个单位人数很多，某人很少与上司打交道，但有一天，上司走到他面前，紧握着他的手，像老朋友一样叫他的名字，他准会说："在这样的人手下工作有意思。"

上司如果对员工直呼其名，会给员工留下一种平易近人的感觉，可以大大改善与员工的关系，能够让员工心情愉快地投入到工作之中。

第十五章

授权激励法——把员工能干的事交给员工去干

激励核心：管理的职责是引领而非直接操作，大胆地把员工能干的工作交给他去干吧。这样做不仅能够减轻管理者的负担，还能够激发员工的工作热情。

一、激励原理

让别人取代你的工作

优秀的管理者都是善于授权的人。什么是授权呢？简单地说，授权就是上级把组织管理的部分或全部权力授予下级。换句话说，“授权”就是拥有权限的上级，不但给予下属一定的任务和由他们参加设立明确的目标，而且要授予他们推行目标所需要的权限。

成功的管理者都知道充分的授权是调动下属的积极性、提高下属的工作效率的有效方法。管理者擅长授权，就可以省出时间和精力做更重要的事情。

成功的管理者应该做到：大权独揽，小权分散；绝不可权力集中，事必躬亲。管理者应善于分配工作，并进行有效的指导和控制，使下属拥有一定的自主权。

如何做到不过度管理呢？管理者需要明确以下三点。

首先，尽量少管。如果你管得太多了，请搞清楚原因何在：是下属的能力不够，还是因为你是一个事必躬亲的人？管理者应直面现实，然后矫正自己的行动。

其次，培养更多的管理者。管理者不可能事事亲力亲为，领导的关键在于发展和培养更多的管理者。

最后，时刻盯紧目标。为了完成目标，管理者应当经常想一想你还需要做什么。

只要管理者有了正确的观念和态度，对自己充满信心，就能够快速治愈“授权恐惧症”，将权力充分下放给下属。

二、操作方法

授权前做好准备工作

管理学专家们指出：“授权绝不是简单地把工作和责任交给下属，而是一个必须要经过周密考虑、精心准备，力求不出现差错的过程。”授权前的准备工作充分不充分，是管理者能否授权成功的决定性因素。对此，管理专家们提出了以下忠告。

1. 选取授权任务

在授权开始之前，管理者要按照责任的大小，对需要完成的工作进行分类，不同类的工作对应不同的授权要求。最好能列出一张“授权工作清单”，具体内容如下。

（1）必须授权的工作。这类工作本不该由你亲自做，它们之所以留在你的手中，只是因为你已经习惯去做；或是你特别喜欢，不愿交给别人去做。这类工作的授权风险最低，即使出现某些失误，也不会影响大局。

（2）应该授权的工作。这类工作是一些下属完全能够胜任的日常公务，下属们对此有兴趣，觉得有意思或有挑战性，你却一直没有交给他们去做。将这类工作授予下属，除了可以节约管理者的时间和精力之外，更有利于调动下属的工作积极性。

（3）可以授权的工作。这类工作往往具有一定的难度和挑战性，要求下属具有专业的知识和技能，管理者由于不放心而长期躬身为之。

（4）不能授权的工作。这类工作包括制订未来发展计划、选拔下属、考核下属绩效、实施奖惩、制定重大生产经营决策等。这类工作是不可授权的，管理者必须亲自为之。

2. 培育授权气氛

管理者要在组织内营造一种适于授权的气氛。管理者参与各项授权的准备活动；一旦授权行为受到质疑，管理者必须积极宣传授权的好处，不能因为受到组织现行管理体制的约束或人为的阻挠而放弃。

开始授权后，管理人员的“授权倡导者”角色可采取的手段与策略包括以下几项。

（1）说出授权的必要性。在各种场合，揭示组织内部存在的授权问题，引发讨论，并提出具有建设性的意见和方案。

（2）重视团队的培养。管理者应建立一种适合授权的新型工作模式，并进一步推广。

（3）共享初步成果。团队在实施初步授权之后，它的每一点哪怕微小的成绩提升或气氛改进都是值得关注的，管理者应该以恰当的形式给予庆贺，并向下属公布，让他们知道，这些成绩是如何取得的。

（4）用经历鼓舞下属。尝试一个你以前不会去做的事，并用你的经历鼓舞下属，在组织内部营造一种敢于冒风险、积极求创新的工作氛围。

3. 将任务标准化

当组织运行完全由管理者一人来推动时，他想要达到的目标只存在于他的大脑中，而且可能是模糊的。当他把一个具体的环节交给下属去完成时，管理者没有向下属解释整个任务是怎样的，模糊的任务常常使下属无所适从。因此，当管理者试图授权时，一个基础性的工作便是将任务标准化。

将公司或部门的工作任务标准化，其意义远不只是授权的需要，它对于公司的科学管理具有非凡的意义，是公司走向正规化、走向成熟、走向制度化管理的必经之路。

4. 准备承担责任

作为团队管理者，你已经下定决心实施授权，大量的前期铺垫工作也已经完成，你即将开始授权，有一个问题也许你并未真正意识到，那就是责任。

管理者应懂得对下属人员授权和仍要对下属人员的最终行为承担责任是两回事。如同饭店经理必须依赖厨师做好饮食供应，但经理仍要对饭店的饮食供应承担最终责任。

三、经典案例

把问题交给发现问题的人去解决

管理学专家柯维说："在新的管理模式下，谁是实际执行者，谁就拥有最大的权力。"在这里，实际的执行者就是发现问题的人。

美国北卡罗来纳州一家食品公司的经营状况日渐恶劣，总裁史迪威先生经过深入了解，发现是产品质量方面出现了问题。在明确问题症结所在后，史迪威先生开始了他的改进计划。

在推进改进计划时，史迪威先生避免了紧锣密鼓的方式。他认为，这种方式除了在精神上给下属带来沉重压力之外，不会有太多的好处，而且这种负面效应会抵消产品质量改进后的相当一部分成果。基于这方面的考虑，史迪威先生采取了温和的方法。他请来了广告策划专家，以轻松愉快的方式向下属灌输产品质量意识，使之深入人心，并不断得到巩固，成为下属的一种工作习惯。

不仅如此，史迪威先生还经常走出办公室，就产品质量问题和下属们展开讨论，交换意见，从他们那里收集关于产品质量改进的设想和建议，然后进行汇总，在全公司推广。

一分耕耘，一分收获，史迪威先生的努力终于换来了成功。在公司全体员工确立了严格的质量意识后，公司的销售额直线上升，公司又重新焕发了生机。

然而，这种喜人的态势，并没有持续下去。到了年底，细心的下属发现了这样一个让人颇感为难的问题：有一批出厂的罐头虽然受到了顾客的欢迎，但美中不足的是，这批罐头在密封方面存在一定的问题，不符合公司对此环节的规定。

于是，他们就是否发货向史迪威先生做了汇报，等待总裁先生做出定夺。

令下属们大感意外的是，一向对产品质量问题要求非常严格的史迪威先生在利润面前妥协了，做出了“照发不误”的决定。

后来，史迪威先生为自己这个决定付出了代价，毁掉了自己之前的所有努力。

无独有偶，另一家工厂的老板麦克先生也曾遇到过与史迪威类似的难题，由于他秉承把问题交给发现问题的人去解决的原则，最后使问题得到了圆满的解决。

麦克先生的工厂一年结算四次利润，发货和盈余要符合预算目标。产品质量与企业利润发生冲突这种状况总是发生在每一季结算时，因为麦克要做出决定，是否为准时交货而牺牲产品质量。

最令麦克先生恼火的是，无论他怎样做，总是错误百出：如果发出的产品是品质稍差的，客户的抱怨便如排山倒海般袭来；下属们会说："你看，这都是你的失误，这些次级品我们是不能出厂的。"如果暂缓出货，下属们又会说："看看你都做了些什么，就是因为你的糟糕决策，我们这一季一点儿盈余也没有。"

为了早日走出这种尴尬处境，麦克先生开始举办一些让下属参与的会议，以双向沟通的方式分享各种资讯，共同解决某些问题。

这种会议很快变成了"发牢骚"会议。下属们不断带来一些有待解决的"状况"。麦克列出了一长串有待解决的问题，并努力在下一次会议开始之前把它们解决完毕，仿佛"解决问题"成了他的全部工作，他告诉自己："你必须表现出完全的诚意，才可以解决工厂其他真正的问题。"毕竟解决员工的问题，本来就是领导分内之事。

过了一年多的时间，麦克仍在解决那一长串问题。往往下属还没把所有问题报告完毕，他就开始烦躁不安了。

麦克先生冷静下来之后，对自己的所作所为作了一番深刻的反省，决定自己不再为如何解决问题而负责，而是让下属们自己举行举行会议，并要求他们全力解决问题。麦克先生要让下属们负起责任——自己的提议自己解决。从此，麦克先生办公桌上堆积如山的报告逐渐变矮，直至最后消失。

曾作为麦克先生顾问的管理学专家柯维对他的行为做出了这样的评价：

“麦克一直‘努力工作’——为了解决下属们的问题而努力工作。他的工厂仍挣扎在这种无尽的深渊中。他的失败，都是他错误的‘处理问题’式领导方式所造成的。当初，他对他的下属的所谓训练，是对他们凡事依赖于他的训练。他总是喜欢让下属像是一群野牛，对他这个领导唯命是从。当他要求下属向雁群们分享领导权的行为看齐时，才发现他们根本无所适从。”

四、特别提示

善用高人，克服嫉贤心理

汉高祖刘邦平定天下之后，在洛阳的庆功宴上曾说过这样的话：“夫运筹帷幄之中，决胜千里之外，吾不如子房；镇国家，抚百姓，给馈饷，不绝粮道，吾不如萧何；连百万之军，战必胜，攻必取，吾不如韩信。此三者，皆人杰也。吾能用之，此所以取天下也。项羽有一范增而不能用，此所以为我擒也。”

刘邦还是很有自知之明的，他知道自己不是全才，在很多方面不如自己的下级。他之所以能打败不可一世的楚霸王项羽，一统天下，正是因为他重用了一些在某些方面比自己能力更强的人。在这一点上，刘邦表现出了一个统帅最值得称道的品格和能力。

袁绍在这方面的表现就相形见绌了。建安五年春，袁绍厉兵秣马，准备率十万大军攻伐曹操。袁绍的谋臣田丰认为此举不足取，便对袁绍说：“现在徐州已破，曹操军队锐气大增，不可轻敌，不如以久持之，待其有隙而后可动也。”袁绍头脑发昏，哪里肯听！田丰再谏，袁绍发怒了：“汝等弄文轻武，使我失大义！”田丰仍在劝诫袁绍：“若不听臣良言相劝，出师不利。”袁绍大怒，将田丰投入大狱，率军出征。

结果，官渡一战，袁绍被曹操杀得人仰马翻，大败而归。

管理者要想善用高人，就必须克服嫉贤妒能的心理。

嫉贤妒能，是抑制和扼杀人才的一种腐朽、落后的意识，对事业发展妨碍极大。如果管理者真心希望下属能够各尽其才、各尽其能，为公司的事业而奋斗，就必须敢于提拔重用他们，让他们的才华铸就组织事业的辉煌。

第十六章

信任激励法——打消顾虑，让员工超水平发挥

激励核心：信任是一种助推器，它可以使人们潜藏的自信心极速爆发，让员工忘我工作。

一、激励原理

每位员工都想得到领导的信任

卓越的企业管理者会在员工出现失误时依然信任他们。如果员工出现了工作失误，他们本人也会产生一种自责情绪，同时担心上司是否会对他们失去信任。员工当然明白上司对他们失去信任意味着什么，所以此时企业管理者应该对员工保持充分的信任。

有一位普通员工说：“我们的‘头儿’有次对我说，‘这些东西需要在下午之前装进盒子，打上标签，装进货箱后运到车库，等你做完了，还有些别的事需要你帮忙。’然后他就走开了。这让我觉得自己的工作很重要，是所有程序中至关重要的一环，因为领导相信我能做好，所以我从中感受到了莫大的鼓励，一心想要证明自己能够做得很好，否则我就会感到对不起他对我的信任。”

从这位员工的话中我们不难洞悉领导的信任对员工来说是何等的重要。如果管理人员对员工的能力持怀疑态度，就会事事参与、过问，甚至监督员工的工作细节，如此一来，员工就会放弃自己的创造性，完全按照上司的指示去工作，把全部心思花在揣测领导意图上。相信所有的企业领导都不愿意看到这样的结果。

二、操作方法

充分信任下属是对他们最好的奖赏

用人不疑是一种强大的激励手段。因为员工一旦感到自己被企业领导信任，就会产生一种强烈的责任感和自信心。从某种意义上讲，上司对下属的充分信任，就是对下属的最好奖赏，它将促使下属努力工作。

怎样才能让员工意识到自己被企业领导信任呢？会用人的管理者总会选择最恰当的方式表现出对员工的信任，主要有以下几种方式。

1. 当着很多人的面，领导者有意识地制造“隆重”气氛，将最具挑战性、最重要的工作交给某位员工，让这位员工觉得这是管理者对他的最大信任。

2. 在员工完成任务，向企业领导汇报工作时，管理者有意识地不听他的工作汇报，而是说：“辛苦你了，别忙着汇报工作，先好好休息一下再说！”并给该员工一点额外的但不过分的“特殊待遇”。

3. 如果有人对自己的员工提出不公正的“非议”，管理者应果断地予以批驳，并一如既往地重用该员工，一如既往地信任他。

4. 当员工遭遇生活挫折，或发现员工的工作进展不顺利时，管理者应及时为他们提供必要的支持和帮助。

5. 当员工犯错时，企业领导可以与员工一同分析原因，然后用真诚的态度，而不是以命令的语气让他如何如何。如果可能的话，企业领导完全可以与员工共担责任，减轻员工的压力，以赢得他们的信任。

总而言之，企业领导用行动表达信任的效果要好。

三、经典案例

对员工保持充分信任的福特公司

亨利·福特是一位深谙用人之道的商业领袖，他十分重视培养和提拔年轻的工程师。

37 岁的建筑师阿尔巴顿·康在福特的支持下创造了 93 分钟造车的秘诀。

那是在设计海兰德公园工厂的时候，阿尔巴顿·康设计了一个方案，征求福特的意见："把工厂设计成长 865 英尺（约 265 米）、宽 75 英尺（约 23 米）、四方形的 4 层楼建筑，以钢筋混凝土为材料，可以吗？”

“好的！”福特毫不犹豫地同意了。

“玻璃占建筑物外观总面积的75%。”阿尔巴顿·康继续说。

阿尔巴顿·康的这个设想，在当时简直是不可思议的，福特却对此赞不绝口。

福特对他说：“机械厂房设在另外一边，也是一栋玻璃屋顶的建筑，此外，总厂和这栋玻璃屋顶的机械房在天井中由钢梁相通，上有吊车，如此制造完成的引擎或变速器就可以利用天井中的吊车被搬到总厂了。”

接着，福特表示：“总厂四楼全楼面的天井也要加装吊车。法兰德斯先生所说的重力倾斜方式的生产流水作业台是一定要建造的。”

“对呀，成品就可以由高处向下自然滑动，人不动，只要产品移动就可以了。”阿尔巴顿·康说。

福特93分钟的造车秘诀便由此诞生了。

可以说，正是福特对下属的充分信任和大胆任用，使福特汽车公司走向了繁荣。

四、特别提示

用人不疑，才能更好地激励员工努力工作

俗话说“士为知己者死”，管理者要认真考察下属，一旦考察通过了，就要给予对方充分的信任，一来能够展示管理者广阔的胸襟，赢得下属的信任和尊敬；二来可以激励下属竭尽全力，完成领导交代的每一件事情，实现人才效益的最大化。

信任是人的一种精神需求，信任能够让下属对领导更加忠诚，全心全意地努力工作。

管理者要想做到用人不疑，需要好好把握以下几点。

1. 千万不要听信谗言，要有识人识事的慧眼，能够识破谗言和中伤。

2. 严惩那些谗言者，并引以为戒。

3. 对那些受害者一定要澄清事实。在没有查证落实以前，不要轻易怀疑甚至处置任何员工。

另外，企业要设立良好的监督机制，不能让下属借此机会谋取私利，让他们对自己的行动负责，以督促他们谨慎办事，小心做人。

第十七章

示范激励法——与其吼破嗓子，不如做出样子

激励核心：正人先正己，做事先做人，管理者要想管好下属就必须以身作则、率先垂范。

一、激励原理

身教胜于言传

不管管理者被是委派的、因选举产生的，抑或是受聘而来的，一旦被任命，手中就拥有了管理企业的权力，但有了权力并不意味着你就能“振臂一呼，应者云集”。

事实上，领导能力并非是领导职位赋予的，没有追随者的领导只不过是一个职权威慑下的空壳而已。换句话说，是追随者成就了管理者。因此管理者必须以身作则，将自己的能力和涵养修炼到一定的高度，只有让员工在自己身上看到希望与寄托，才能使员工死心塌地地追随自己。

美国社会学家彼得•布劳认为，管理者的有效性和稳定性取决于下级的赞同。受到下级承认和赞同的管理者，在对下级施加影响时，要比那些未受到承认或赞同的管理者更为有效。如果企业管理者忽视了这一点，以为靠着人力资源部的一纸文件就可以滥用职权，就会动摇领导权威的有效性和稳定性。久而久之，管理者就会丧失员工对你权力和威信的认可。

与其吼破嗓子，不如做出样子。因为身教胜于言传，榜样的力量是无穷的。

二、操作方法

企业领导如何做到以身作则

榜样激励的核心问题是什么呢？就是企业管理者要以身作则。企业领导的一举一动都在潜移默化地影响着员工的积极性，给员工留下深刻的印象。毫无疑问，榜样可以起到明显的激励作用，从而推动企业各项工作的顺利开展。

那么，企业领导怎样才能做到以身作则呢？请记住以下四点。

第一，企业领导要具有自我管理能力。

企业领导只有拥有自我管理的能力，才能独立思考和工作，无需他人严密监督。

第二，企业领导要忠于一个目标。

大部分人喜欢与那些能够将感情和精力全部奉献给工作的人共事。所以企业领导除了关心自身之外，还应该忠于某样东西，如忠于组织、忠于事业、忠于团队或忠于产品等。

第三，企业领导要努力培养竞争力，发挥出自己最好的状态。

企业领导必须时刻培养自己的竞争力，掌握比他人更多、更强的技能，率领团队向前冲。

第四，企业领导要有魄力、讲诚信。

企业领导应该有丰富的理论知识和较高的伦理道德标准，只有这样才能获得员工的信任。此外，办事有魄力、能够独立做出决断、言出必行、不优柔寡断并勇于承认自己的错误等也是企业领导应该具备的素质。

三、经典案例

以身作则的玫琳凯

称职的领导者要以身作则，能够用要求员工的标准去要求自己，只有这样，你的下属才会照着你的样子去做。

玫琳凯是美国著名的女企业家，她在榜样激励的问题上有着自己独到的见解。她认为，领导的速度就是员工的速度，称职的领导应该以身作则。例如，所有美容顾问都必须对自己的生产线了如指掌，这项工作并不复杂，它只是一个如何作准备工作的问题。如果销售主任不是商品专家，就不可能说服其美容顾问成为商品专家。试想，一个对商品知识毫不了解的销售主任在召开销售会议时，他只能这样说："照我说的而不是照我做的那样去做。"这样的销售主任是说服不了员工的。

玫琳凯在个人形象方面也给员工们树立了榜样，她曾经这样说：“经理的工作习惯很重要，经理的衣着打扮也是十分重要的……我只是在自己的形象极佳时才接待客人。我认为，作为一家化妆品公司的创始人，必须给人留下好印象；否则，不如闭门谢客。要是让我们公司的人看见我身上沾满了泥浆，那多不好，我的这些做法已被传扬出去了。有人告诉我，我们的销售主任中有许多人在学着我的样子，都穿得漂亮得体，所以，各地的美容顾问也在学着打扮自己，这真是太好了！”

玫琳凯深知，作为员工的带头人，管理者的行为会受到整个部门员工的关注。因此她非常注重企业中经理的榜样作用，她说：“员工们总是愿意模仿经理的工作习惯和修养，而不管其是好还是坏，这是人的一种本能。假如一个经理经常迟到，吃完午饭迟迟不回办公室，打起私人电话没完没了，不时因喝咖啡而中断工作，一天到晚眼睛老盯着墙上的挂钟，那么，他的下属肯定会一样不落地跟着学。反过来，管理者的好习惯也会影响到员工。例如，我习惯在下班前清理当天的工作，把没干完的工作装进包里带回家，坚持当日事当日毕。尽管我从未要求过别人，但我的助手和秘书也跟着这样做。作为管理者，职位越高越应重视自己给员工留下的印象，因为经理总是处于众目睽睽之下，管理者的一言一行、一举一动总会受到员工的关注和模仿。”

这就是以身作则的好处，管理者想拥有什么样的员工，就要首先以什么样的标准去要求自己。企业管理者可以在潜移默化中达到说教所达不到的效果。

四、特别提示

正人先正己，做事先做人

俗话说："正人先正己，做事先做人。"管理者要想管好下属就必须以身作则、率先垂范。

我们都知道，联想集团在柳传志的带领下，由一个小公司发展成为今天的大集团，柳传志也成为了一位具有崇高威望的企业家。

可以说，联想能有今天，与柳传志的高尚人格和品行魅力是分不开的。

在联想集团的发展过程中，曾经发生过这样一件事。联想有一条规定，开会时，迟到者要被罚站一分钟。没想到第一个被罚的人是柳传志的老领导，罚站的时候他紧张得不得了，浑身是汗，柳传志本人也是一身汗。柳传志对他的老领导说："你先在这儿站一分钟，今天晚上我到你家里给你站十分钟。"据说柳传志本人也被罚过三次，其中一次是因为电梯坏了他被困在电梯里，也找不到人报信，结果他只得被罚。

正是柳传志这种以身作则的精神，使得联想集团的其他领导都以他为榜样，自觉遵守各种规章制度，促使联想集团的事业不断发展壮大。

第十八章

宽容激励法——严以待己，宽以待人

激励核心：如果企业管理者总是挑剔下属，就会极大地削弱下属的工作热情，影响他们的工作积极性、主动性和创造性，这对企业的发展是非常不利的。

一、激励原理

宽容能够起到很好的激励效果

有些企业管理者对自己总是很宽容，对下属却很苛刻。如果管理者上班迟到了，他们会说自己昨晚加班加得太晚；如果自己在工作上出现了差错，就说没留神，下次注意就是了。他们对员工的态度却截然相反：当下属犯错误时，他们会揪住不放，并当众训斥，以显示自己的权威；如果下属上班迟到，他们连原因都不问，就直接开罚单，全然不顾下属的满腹委屈。

当然，我们并不是说管理者对下属不应该严格，严格要求还是必要的，但严格要求和宽容两者之间并不矛盾，完全可以找到一个更好的解决方式。严格要求是指管理者可以为员工制定高标准的工作要求；宽容则是指在下属犯错误或由于某种原因没能达到工作要求时，管理者应该对他们采取的态度。如果企业管理者能够宽容对待下属，他们不但不会因此而散漫，反而能更好地激发他们的工作热情；相反，如果企业管理者总是挑剔下属的毛病，就会极大地削弱他们的工作热情，影响他们的工作积极性、主动性和创造性，这对企业的发展是非常不利的。

宽容是一种很好的用人之道，使用得当就能够起到很好的激励效果。企业管理者必须要能站得高、看得远、想得开，要从大局出发，站在发展的角度考虑问题，要用宽容的胸怀对待下属，给下属更多的赞美和鼓励，能容忍的就绝不责骂。因为只有宽容才会让员工更有信心工作，才会让他们对企业有一种真正的归属感。

二、操作方法

管理者修炼宽容的五种方法

宽容是一种美德，也是一种修养。宽容就能产生巨大的力量，激发员工更好地为企业服务。那么，管理者怎样才能做到宽容呢？以下几点可供参考。

1. 管理者不能对员工鸡蛋里挑骨头

俗话说："金无足赤，人无完人。"个别企业管理者对自身不加约束，对员工却吹毛求疵、鸡蛋里挑骨头。这样的管理者是不能服众的，即使员工嘴里不说，心里也不想为这种人好好工作。

2. 对员工大声赞美，轻声责备

如果员工做错事了，领导当然要对他们进行批评和惩罚，但怎样做才能够处理得恰当、得体，而不至于影响到员工的工作热情，这是很多领导十分棘手的问题。激励专家们认为，“大声赞美，轻声责备”是一种很好的方法。在批评员工的错误或指出员工的不足时，不妨先给予他一些赞美，对他成功的方面进行肯定。这样不至于让受批评者感到尴尬和难受，使他愿意接受领导的意见，又维护了自尊心。

3. 不要指望员工能和你一样

在工作能力方面，企业管理者应当清楚地了解每一位员工的能力，不能用自己的工作能力来衡量和要求他们。在为人处世方面，因为人人都有自己的世界观，思想或想法不尽相同，所以管理者不能强行让员工与自己的想法保持一致，更不能用自己的为人处世标准来衡量员工。

4. 要学会换位思考

在日常工作中，管理者难免会与员工发生一些误会，但不要因为这个误会引起双方的争吵，更多的时候，企业管理者应该站在员工的角度思考问题，设身处地地为员工着想，改变一下自己的思维方式。

5. 不要对反对自己的人“怀恨在心”

管理者不能因为员工反对过自己，就对他们“怀恨在心”，给他们“穿小鞋”。

可以说，宽容这件“武器”可以化解工作中的一切矛盾。不懂得宽容的管理者需要先从自身找问题，而不能只是指责别人。记住这句话吧，它能够让你更宽容——“当你伸出两只手指去谴责别人时，余下的三只手指恰恰是对着自己的。”

三、经典案例

宽容对待犯错的员工

1963 年的春天，在 GE 公司，一名 28 岁的员工经历了他一生中最为恐怖的事件——爆炸。

当时，他正坐在匹兹菲尔德的办公室里，街对面是实验工厂。这是一次巨大的爆炸，爆炸产生的气流掀开了楼房的房顶，震碎了顶层所有的玻璃。

他飞奔出办公室，向出事的办公楼跑去。跑到三楼时，他害怕极了，他的心怦怦狂跳。爆炸带来的灾难比他预想的更糟，一大块屋顶和天花板掉到了地板上。

不可思议的是，没有人受重伤。当时，人们正在进行化学实验。在一个大水槽里，他们将氧气灌入一种高挥发性的溶剂中。这时，一个无法解释的火花引发了这次爆炸。非常幸运的是安全措施起到了一定的保护作用，爆炸产生的冲击波直接冲向了天花板。

作为负责人，他显然有严重的过失。

第二天，他不得不驱车 100 英里去康涅狄格的桥港，向集团公司的一位执行官查理•里德解释这场事故的起因。他已经做好了最坏的准备，只等着挨骂了。

他知道这时可以解释为什么会发生这次爆炸，并提出一些解决问题的建议。但是由于紧张，他的自信心就像那座爆炸的楼房一样开始动摇。这是他第一次走进这位管理者的办公室。

查理•里德很快就使面前的年轻人平静了下来。作为一名从麻省理工学院毕业的化学工程博士，查理•里德是一个有着良好专业素养的科学家，是 GE 公司中级别最高的拥有化学经验的执行官。查理•里德知道在高温环境下做高挥发性气体实验将会发生什么，他表现得异常通情达理。

"我所关注的是你能从这次爆炸中学到什么东西，你能否修改反应器的程序？"

年轻人没有想到查理•里德会问这些。

"你们是否应该继续进行这个项目？"

从查理•里德的表情和口吻中，那位年轻人看不到愤怒或者一丝情绪化的东西。

"好了，我们最好现在就彻底解决这个问题，而不是等到以后，等我们进行大规模生产的时候。"查理•里德说道，"感谢上帝，没有任何人受伤。"

查理·里德的行为给这个年轻人留下了深刻的印象，这个28岁的年轻人就是杰克·韦尔奇。

他在自传中回忆起这段经历时说道：“当人们犯错误的时候，他们最不愿意看到的就是惩罚。这时最需要的是鼓励和信心的建立，首要的工作就是恢复自信心。”

员工犯错误是难免的，就是再优秀的人才也有犯错误的时候。面对员工的错误，特别是优秀人才的错误，管理者应该善待他们。

日本松下公司的创始人松下幸之助以经营技巧高超、管理方法先进而被誉为“经营之神”。

后滕清一原是三洋电机公司的副董事长，后来投奔松下公司。在他担任厂长时，工厂失火烧掉了。后滕清一心中十分惶恐，以为自己不被撤职也要降级。

不料松下接到报告后，只对他说了四个字：“好好干吧！”

松下这样做，并不是姑息部下的过错。因为在以往，即使只是打电话的方式不当，后滕也会受到松下严厉的斥责。

这种作风可以说是松下管理下属的秘诀。由于这次火灾发生后没有受到惩罚，后滕自然会心怀愧疚，便以加倍地工作来回报公司。

松下的做法巧妙地抓住了人类的心理——在犯小错误时，本人多半并不在意，因此需要严加斥责，以引起他的注意；相反，犯下大错误时，任何人都知道自省，因此管理者就没必要再给予严厉的批评了。

四、特别提示

可以宽容，但不要姑息

在管理的过程中，有一个词被激励专家们频频提及，这个词就是“宽容”。在处理员工犯的错误时，管理者宽容员工就很容易让人想到“姑息”，就是对员工的过错不闻不问。这里所说的宽容并不是无视员工的过错，而是将其作为批评态度中的一种。以这种态度消除批评中的一些负面影响，可以起到“润滑剂”的作用，使得批评显得更为中肯和有效。

在生活中人人都需要有一种宽容的心态，在工作中管理者对待员工也应如此。人无完人，孰能无过？因此，管理者以宽容的心态去教育人，而不是以近乎刻薄的方式去批评人，更会让被批评者在心理上得到慰藉，同时向他传递了这样一个信息：我不会因为你的这次过错就把你一棍子打死，只要以后改正，我依然会重用你。

对于大多数员工而言，他们在受到批评时，往往是推卸责任而不愿承认错误。抵触批评的原因是因为员工害怕一旦被确定为批评对象，自己就会受到管理者的排斥，再也得不到重用。宽容能有效消除被批评者的这一后顾之忧，从而使被批评者能坦然、主动地承认错误，并改正错误，以后尽心尽力地工作。

第十九章

牢骚激励法——让员工将不满说出来

激励核心：员工的“心里话”不一定是真知灼见，但一定是肺腑之言。正因如此，听员工讲真话就是对员工的一种激励。

一、激励原理

抱怨得不到正确处理，会严重影响员工工作效率

人们对任何事情都会有牢骚，从早晨上班时的交通拥挤到电脑出了故障不能正常工作所带来的烦恼。

当员工感觉受到不公正的待遇时，也会发牢骚。这是一种很正常的现象。相对而言，抱怨是一种最常见、破坏性最小的发泄形式。

抱怨并不可怕，可怕的是企业管理者没有体察到这种抱怨，或者对抱怨反应迟缓，从而使抱怨的情绪蔓延下去。因为抱怨具有传染性，虽然刚开始可能只是某个员工在抱怨，但很快就会有越来越多的员工在抱怨，最终导致矛盾激化。

事实上，员工对企业管理现状产生不满时是沟通的黄金时机。优秀的管理者要在企业内部营造一种轻松的氛围，让员工敢于把自己的意见说出来。

二、操作方法

不要让员工的抱怨情绪蔓延

每位管理者都有可能遇到这种员工，他根本不喜欢公司，不喜欢主管处理工作的方式方法，对自己的工作也没什么兴趣，甚至会没事找事地抱怨公司的空调装得太高，只要有人愿意听，他就会喋喋不休地抱怨周围的一切是多么让他难以忍受。这种牢骚满腹、吹毛求疵而又尖酸刻薄的人不但让人生厌而且非常危险，可能会影响到整个部门员工的士气和工作的积极性。

管理者不应该将员工们的抱怨当成一桩小事，不应该将其中的一些抱怨当成是幼稚和愚蠢，更不应该掉以轻心、漠然对待。

请认真看看下面这段对话。

公司主管："亲爱的凯西，我非常关注你最近的态度，你好像不是很舒服的样子。"

员工凯西："都是公司那些董事会的代表们，他们什么事情都做不好。你应该还记得我送到楼上的那份有关长途电话使用情况的报告吧，他们竟然弄丢了！我现在不得不重新做一份给他们。"

公司主管："你难道没留下复印件备用吗？"

员工凯西："正是这样，我并没有留，可这并不能成为他们粗心大意的原因啊。"

公司主管："如果说你留下了复印件，就不会增加一些额外的工作了，不是吗？"

员工凯西："压根不是这么回事儿呀。"

公司主管："事实就是如此，你这里仅仅是为一点儿小事去抱怨别的部门。我叫你过来，是因为你好像对公司的很多事情都不怎么满意。你发的牢骚的确太多了。是这样的，凯西，我希望从现在开始你能够少发些牢骚。你已经影响到了别人的工作。我并非要求你停止思考。如果说运用正确的话，思考原本是一种非常优秀的品质。如果你发现有什么事情不对的话，可以及时打报告给我。但是报告中要说明你认为怎样做才能够解决问题。挑剔是没用的，我们还需要知道怎样做才能将事情办得更好一些。"

在这段对话中，在谈话刚开始时，主管让凯西意识到她的抱怨是多么没有价值（凯西纵容自己大发雷霆，但是报告的丢失并不表示她要付出更多额外的劳动）。这样一来，主管要求她停止自己的所作所为就显得更有说服力，她也更能接受了。

然后，主管采用了一种积极的方式来结束这次谈话，他建议凯西提交书面的改善意见或是建议。相信凯西可以接受这个建议。

管理者要想真正解决问题，消除员工的抱怨，还必须采取一些实际行动。管理者在处理员工抱怨时需要注意以下几个事项。

一是端正态度，切勿压制。管理者在和下属交往的过程中，要在日常工作、学习及生活中观察下属的反应，注意下属的意见，充分重视下属提出的建议。管理者面对员工抱怨时绝对不能漠然置之，而要将它当成工作中的一件重要事情，写入个人的工作日程，或是派专人处理，或是亲自处理。

二是排查原因，仔细端详。管理者要通过反复调查，认真分析下属抱怨的原因所在。

（1）从主观上找出抱怨的原因，看是不是由于自己的工作失误让下属难以开展工作，造成下属的抱怨。例如，是不是由于自己的决策缺乏科学性，严重脱离实际，对下属的利益造成了损害；是不是由于自己缺乏科学的工作方法与领导艺术，有意无意地伤害了下属的尊严和感情；是不是由于自己考虑不周全，过于追求个人政绩，给下属造成了太大的压力；是不是由于自己的言行具有主观随意性，压制住了下属的正确意见和建议；是不是由于自己还不了解实际情况，就片面地强调某一方面，而忽视了另一方面，进而给下属完成工作带来了很大的困难。

（2）从客观上找出抱怨的原因。下属不理解公司的政策，不清楚上司的意图，都会产生抱怨情绪；有的下属由于心胸狭隘，或是由于个人利益受到了影响而对上司产生抱怨；还有的下属由于不明真相，或是受到了他人的挑拨，无端地产生抱怨；还存在一种情况，就是在上司下达某一项任务之后，客观条件已经发生了变化，而中层领导未能及时改变完成任务的时间及其他要求，导致下属难以完成任务而产生了抱怨。总之，下属产生抱怨的原因有许多，管理者必须弄清楚、搞明白再想办法解决。

三是采取措施，严格纠正。一旦下属有了抱怨情绪，管理者如果不及时消除，就会严重影响到下属工作的积极性与上进心，从而消极怠工，或是与中层领导产生对立情绪，不支持上司的工作，更不会服从上司的指令。

所以，管理者必须采取切实可行的方法，尽快消除下属的抱怨情绪。如果是管理者自身的原因，管理者就一定要做到严以律己、以诚待人，从检查自己入手，本着有错必纠的原则，勇于开展自我批评，立即着手纠正自己工作中的失误。

三、经典案例

听员工讲“心里话”

尺有所短，寸有所长。员工的“心里话”不一定就是真知灼见，但一定是肺腑之言。正因为如此，听员工讲真话就是对员工的一种激励。

比尔·盖茨鼓励员工畅所欲言，对公司的发展、存在的问题，甚至管理者的缺点，都可以毫无保留地提出批评、建议或提案。他说："如果每个员工都能提出建议，就说明每个员工都在关心公司，这样公司才会有前途。"

被誉为"全球第一 CEO"的杰克·韦尔奇认为，员工遵从管理者的命令是非常重要的，因为只有准确执行管理者的指示，工作才能顺利进行。但这并不等于盲目遵从管理者的命令。他鼓励员工为企业发展建言献策，并创造性地工作。

松下幸之助有句口头禅："让员工把不满讲出来。"他的这一做法，使管理工作多了快乐，少了烦恼；人际关系多了和谐，少了矛盾；上下级之间多了沟通，少了隔阂；公司与员工之间多了理解，少了对抗……

美国摩托罗拉公司的每个员工都佩戴着一张 IDE（"肯定个人尊严"的英文缩写）卡。卡片上列有几个问题，如"你是否拥有一份你认为有意义的工作""你的工作是否使你感到鼓舞并且正付诸行动"。每个月，公司都会就上述问题发一张调查表，如果员工写上"否"字，其主管就会立即找员工了解情况，帮员工分析问题。此举增强了公司的凝聚力，提升了员工的敬业精神。

企业管理者要和员工多交流，关心他们的疾苦。在生活上多为他们排忧解难，在工作上多听取他们的意见，尊重他们的创造精神，使其心情愉快地工作。

只有这样，员工才能从心底感受到尊严和自豪，从而增强使命感和责任感，为企业发展发挥自己的最大潜能。

四、特别提示

了解员工为什么会抱怨

企业管理者该如何对待并及时处理员工的抱怨呢？首先要乐于接受抱怨。员工抱怨的内容主要有以下四大类。

第一可能是薪酬。员工薪酬的多少直接关系着员工的生存质量，所以薪酬问题一般是引发员工抱怨的主要原因。第二可能是工作环境。员工对工作环境和工作条件的抱怨几乎能包括工作的各个方面，小到公司信纸信封的质量，大到工作场所的地理位置或楼层等。第三可能是同事关系。对同事关系的抱怨往往集中在工作交往密切的员工之间。第四可能是部门矛盾。员工对部门之间关系的抱怨主要因为以下两个方面：部门与部门之间的利益矛盾，部门与部门之间的工作衔接不畅。

当员工产生抱怨时，企业管理人员一定要记住以下几点。

首先，不要忽视员工的牢骚。企业领导不能认为，如果你不理睬员工的抱怨，它就会自行消失。不要认为你对员工奉承几句，他就会忘掉不满。如果员工的抱怨没有得到解决，不满将会在员工的心中不断发酵。解决员工抱怨的办法就是要对抱怨保持高度敏感。当你的员工抱怨某件事时，管理者要以关切的态度迅速做出反应，要让员工们知道企业领导正在关注着这个问题。

其次，要接受员工的抱怨。抱怨无非是一种发泄，抱怨需要听众，这些听众往往就是抱怨者最信任的那部分人，只要让他在你面前尽情发泄抱怨，管理者的工作就已经完成了一半，因为你已经成功地获得了他的信任。

再次，要了解抱怨的起因，做到公平解决。企业管理者要在掌握充分事实的基础上，做出公平、公正的决定。管理者在做出决定前要弄清楚员工的观点，解决问题前要征求员工们的意见，听听员工们的建议，然后决定采取哪些应急和长期方案。

最后，要注意平等沟通。事实上80%的抱怨是针对小事，或者针对不合理、不公平，它来自员工的习惯或敏感。对于员工的这种抱怨，企业管理人员可以通过与员工平等沟通来解决。

管理人员在答复抱怨时，要触及问题的核心，要正面解决抱怨。不要为了避免不愉快而绕过问题，不把问题明说出来。管理者的答复要具体而明确，兜圈子只会让抱怨声越来越大。

总之，当员工对公司大发牢骚时，企业管理者要通过与员工的平等沟通来解决，先使其平静下来以阻止抱怨情绪的扩散，然后采取有效措施果断解决问题。一般来说，80%的抱怨是由于管理混乱造成的，由于员工个人失职而产生的抱怨只占20%。所以，规范工作流程、明确岗位职责、完善规章制度等是处理抱怨的重要措施。管理者在制定管理制度时应采取民主、公正、公开的原则，让员工参加讨论，这样才能保证管理的公正性。

第二十章

价值观激励法——认清自我价值，促进企业腾飞

激励核心：在知识经济时代，企业在管理知识型员工时，要关注价值观建设。

一、激励原理

成功的企业都必须有一整套健全的价值观

企业的人力资源管理系统可以分为硬件和软件两个部分：硬件包括人力资源战略、机构设置、员工配置、规章制度等；软件包括文化管理、领导风格和管理技巧等。企业文化包含物质文化、行为文化、制度文化、精神文化（价值观）。其中，价值观是企业文化管理的核心。

在知识经济时代，企业的发展依靠员工的创造力，企业要为知识型员工营造良好的文化氛围，在这个阶段，企业价值观建设具有特殊的意义。海尔董事局主席张瑞敏曾经说过："在企业内部管理中，最重要的是价值观，有什么样的价值观就有什么样的制度文化，硬抄照搬是不行的。"

日本一位经济学家曾经提出"车厢理论"，即一列电气列车每节车厢都有马达，每节车厢均有自己的动力并能一道前进。可想而知，这样的列车一定会有强劲的动力。从一些成功的企业来看，一个合力强大的企业，往往有这样的特征：合力来自于企业内部的凝聚力，而非源于外部压力；组织中的小团体倾向得到有效抑制；

基层单位具有处理内部冲突、适应外部变化的能力；同事间具有一种较强的认同感；全体员工都了解企业的总体奋斗目标；决策层和执行层在工作上都有发自内心的支持态度；员工承认企业的外在价值并具有巩固和维护其继续发展的愿望。企业核心价值观类似于一种理性的黏合剂，把企业员工固定在同一个信念目标上，以微妙的方式沟通着员工的思想，创造一个共同协作的背景，把企业内部各种力量汇聚到一起，朝着一个共同的方向努力。

二、操作方法

让员工的行为符合企业的价值观

在通常情况下，企业会使用人力资源管理工具来衡量员工表现与业绩的关系。例如，衡量一位生产线经理的业绩就要看他们将生产效率最大化、提高产量和降低成本的能力。有形的工作业绩是能够量化测评的。应该说，绝大多数员工是能够很好地完成这些量化工作指标的。

但有些工作是不能量化的，如认同公司价值观，并将企业文化渗透进自己的行为。一个通过压榨工人或拼命从供应商方面压低价格来降低成本的生产经理可能会损害公司利益。一位聚合物工厂的程序工程师被要求把原料成本降低10%，他采取的方法是停止在生产碳纤维时添加苛性碱。几个月下来，这家公司因为用氰化物处理废水而被政府相关部门处罚。经过一年的调查研究，公司终于发现了被减去的苛性碱，这正是生产过程中必不可少的。如果那位工程师能够少关注些上层领导对自己的印象和物质利益（如升职或者加薪），多考虑如何使公司业务得到更好地发展，就不会出现上述后果。公司管理者只能看到员工们做了什么，却不知道他们是如何做的，拿什么来评估员工们是否真正接受并贯彻了企业文化呢？用什么方法来确保员工的工作行为与企业的价值观保持一致呢？这是每位企业管理者不得不面对的一个难题。

一般而言，多数企业管理者会利用使命宣言来定义公司的价值观，将一些必要的企业战略性要素转化为企业文化，通过制定一系列章程来实现这些使命，然后将这些章程分发给每一位员工。不少企业甚至把章程做成钱包大小的塑料卡片，便于员工随身携带。定义企业价值观相对容易，让员工按照章程办事也是可能的，但很少有企业能跟进了解他们的员工是否真正遵守章程。

三、经典案例

把价值观落实到行动上

目前不少企业在价值观建设中存在的通病是一般化、雷同化，还有不少企业的价值观只是挂在墙上，没有落实到行动上。《财富》杂志指出：“在大多数企业中，实际的企业文化同公司希望形成的企业文化有很大出入。”这个问题在企业中普遍存在。不少企业提出的价值观只是空口号，不是企业管理者的价值追求，没有战略思考，而且没有制度来保证这种价值观落到实处。这是企业价值观建设常常陷入的误区。

在价值观的提炼过程中，美国通用公司的价值观有11条，其中最有特点的就是：倡导无边界和壁垒的管理风格，永远追求和采用那些最杰出、最实用的好主意，而不计较它的来源。这就是杰克·韦尔奇的价值追求和思考。他一直思考如何让30万员工的智慧火花在每个人的头脑里闪耀。通过在公司内部执行一项“无边界行动”，韦尔奇把GE与其他世界性大公司区别开来，在市场竞争中跑在了前面。

杰克·韦尔奇首先提出了通用公司的价值观，然后采取一系列制度，通过人力资源检查会对经理人打分，评分标准有两条：一是完成公司目标任务，二是认同公司价值观。韦尔奇据此对公司经理人进行分类，最后有五位经理人离开公司，一人是因为完不成任务，其余四人都是因为价值观不同。

希尔顿酒店的价值观是“微笑服务、宾至如归”。希尔顿酒店的老板经常问员工：“你今天对客人微笑了没有？”希尔顿酒店的战略思考是“以微笑战胜竞争对手”。酒店业要考虑客人最需要的东西——“一流设备＋一流服务员的微笑”，这就成为了希尔顿酒店的价值追求。

四、特别提示

企业成功的根本是正确且高效的价值取向

企业管理者掌握了核心的价值取向，就等于掌握了管理企业和员工的“金钥匙”。拥有正确价值取向的企业管理者是极受员工欢迎的。倘若自己的团队里都是喜欢并且愿意跟着自己奋斗的员工，那么这样的团队很容易获得成功。“同自己喜欢的人一起做自己喜欢的事情”，是最理想的工作状态。

江南春身为分众传媒创始人，皮鞋坏了都抽不出时间去买，有一次他居然穿着漏水的鞋去外地开会，这件事情后来成为了一位记者的重要素材。江南春笑着说，记者将他描述成了一个艰苦朴素的人。其实对于江南春来说，补鞋或是去商场挑一双好鞋的时间成本太高了。对于一家在纳斯达克上市没多久的企业管理者而言，时间是最宝贵的东西。

企业管理者就是员工的榜样，什么样的企业管理者就会带出什么样的员工。

企业管理者的言行举止其实是其内在本质的体现。只有管理者真正达到或者体现出了员工所期待的价值取向，员工才会心甘情愿地服从他的管理。

第二十一章

培训激励法——帮助员工提升价值

激励核心：员工是企业发展的第一资源，企业管理者如果能用合适的方法加以引导，员工的价值将越来越高。

一、激励原理

培训是最好的激励方式

在知识经济时代，“终身学习”和建立“学习型组织”的观念已经深入人心，并成为个人与企业在激烈的市场竞争中立于不败之地的必然选择。企业应该通过培训来开发员工潜能，提升员工的个人价值。这既是调动员工积极性的需要，也是企业维护和提高市场竞争力的需要。

通常而言，企业培训可以分为两个层面：一是员工职位知识更新培训，以使员工在本职岗位上做出更出色的业绩，需要培训的内容可以通过绩效评价获得；二是为员工今后发展提供动力的培训，它要与员工的兴趣和发展方向相结合。培训在现代企业中已成为吸引员工的利器。在跨国企业中，宝洁公司的工资水平并不是最高的，为何还有那么多人趋之若鹜呢？其原因就是宝洁公司在培训方面做得非常出色。

每位员工都希望能够得到培训的机会。管理者的职责就是为员工创造各种培训的机会，挑选最勤奋、最杰出的员工参加外部的研讨班和会议。在那里，他们不仅可以扩展自己的工作圈、学习新技能，而且能对公司产生全新的看法，从而更加热爱公司。通过培训可以使员工满足自我实现的需要。

如果管理者能为员工在专业知识和个人素养方面提供更多的学习机会，那么这些员工必将受到很大的激励，从而满怀热情地投入到工作中。反之，如果管理者不能为员工提供更多的学习机会，就有可能让人才产生怀才不遇的感觉。他们一旦觉得自己在现有的职位上得不到更大的发展，就会用辞职或开辟第二职业的方法来提高个人价值。

二、操作方法

员工培训的三大原则

利用培训来提升员工的积极性是员工激励的有效手段之一。那么，企业管理者应该怎样培训员工呢？以下三大原则是必须遵循的。

1. 为员工拟订培训计划

毫无疑问，如果让员工凭感觉或者靠有限的经历去提高自己的工作能力，不仅是效率低，而且一旦遇到困难，他们就会丧失信心，甚至对公司产生反感。如果企业管理者能够有预见性地为员工拟订培训计划，自然会起到事半功倍的效果。

2. 满足员工的培训需求

企业管理者要想通过培训来激励员工，必须使培训内容能够满足员工的需求。现在单一的职业培训已不为人接受，它常常让员工感到苦不堪言，甚至产生抵触情绪。丰富多彩的全方位、多层次的培训，能较好地发挥员工的积极性和主动性。

3. 掌握培训的最佳时机

实践证明，开展培训的最佳时机应该是新员工进入企业之初，在激发新员工工作热情的同时，还能增强新员工对企业的了解和认可。培训新员工的细节问题，请见特别提示中的“培训新员工要注意的细节”。

三、经典案例

坚持培训员工的松下公司

松下公司把培育员工作为公司经营的根本指导思想，十分重视对“创造产品的人”的培育和训练，并取得了很好的效果。

松下把“训练和职业发展”作为企业方针，所有员工都受到了较长时间的培训。公司不但训练出了很多具有高度生产能力的员工，还培养出了一大批既有生产能力又有丰富销售经验的复合型人才，这些员工成为了松下公司不断发展的助推器。

即使在经营受挫时，松下公司也坚持自己的培训方针，注重对员工进行各种培训，让广大员工深刻感受到公司与员工同舟共济的决心。

四、特别提示

培训新员工要注意的细节

企业管理者或人力资源部门主管对新员工进行各种培训是十分必要的，也是非常迫切的。

培训新员工的第一步是向他们灌输“以公司为荣”的观念，让新员工感到自己也是公司的一个重要组成部分。只有让他们对自己的工作感到自豪，他们才能发自内心地热爱公司，为公司做出贡献。

培训人员向新员工介绍企业时，以下内容是新员工必须了解的：公司的发展历史、组织结构、各部门的职责和权限、对待客户和员工的管理观念、产品与服务、对员工的期望等。

培训人员还有必要向新员工介绍公司的一些基本规则，如上下班时间、停车场的位置等。总之，管理者或培训人员要耐心引导新员工。

企业管理者培训新员工时应该遵循以下原则。首先，培训人员为新员工作示范，认真解答他们的所有疑问；然后，让新员工按步骤实践，对表现好的员工给予表扬，及时纠正新员工做得不对或不规范的地方。如此循环往复，直到新员工熟练掌握为止。在管理和培训新员工的过程中，管理者或培训人员要言传身教，让新员工能够完全理解、掌握工作要点。

企业管理人员要为新员工考虑得周到细致一些，主动向新人传授工作经验和成功方法，这样能极大地激发他们的工作热情，帮助他们早日获得成功。

第二十二章

岗位轮换激励法——实施岗位轮换，激发工作热情

激励核心：重复单调的工作会令人生厌，岗位轮换可以使工作内容横向丰富化和纵向扩大化，让员工迸发激情。

一、激励原理

没人愿意总是重复单调的工作

以往的管理理念强调的是组织分工明确，强调设备和方法的重要性，强调严格按先设定的标准操作，以致员工每天都要重复单调的工作，这样的模式虽在一定程度上提高了生产率，但员工的工作满意度十分低下。以人为本的管理思想对员工激励提供了全新的认识，企业管理者开始注意完善员工的能力，发掘员工的潜力，并在此基础上充分发挥企业内部人才市场的作用，健全岗位轮换制度，使员工更加主动地选择具有挑战性的工作，从而使工作内容横向丰富化和纵向扩大化。工作产生的乐趣和挑战性就成为了工作对员工的回报之一，达到了企业与员工双赢的效果。

所谓岗位轮换，就是企业有计划地按照确定的期限，让员工轮流担任若干种不同工作的做法，从而达到考查员工的适应性和开发员工多种能力、进行在职训练、培养管理人员的目的。岗位轮换的内容包括：新进员工轮岗实习、为培养部门骨干员工而开展的岗位轮换、为培养复合型人才而进行的岗位轮换、为培养企业精神而开展的职务轮换、横向流动的职务轮换等。

在企业管理和经营方面，岗位轮换起着非常重要的作用。首先，开展岗位轮换有助于打破部门间的界限与隔阂，为各部门的协同合作奠定基础。其次，开展岗位轮换有助于员工认清本职工作与其他部门工作的关系，更加理解本职工作的意义，自动自发地提高工作效率。

二、操作方法

实施岗位轮换要坚持一些原则

企业实施岗位轮换的好处是明显的，但在推行岗位轮换制度的过程中，还存在着很多需要克服的困难和阻力。企业管理者在实施该制度时，一定要做到以下几点：因为工作性质的不同，一些特殊工作岗位是无法轮换的；实施岗位轮换之前应建立完整的岗位说明书以及作业流程书；有的职位过于敏感或有高度机密性，不适合经常调动；轮岗之前要征求员工意见，不能强迫员工轮岗换位。通常来说，企业管理者在实施岗位轮换制的过程中，要坚持下面这些原则。

坚持自主自愿原则。虽然实施岗位轮换可以有效提高员工的工作满意度，但因具体情况的不同，效果也各不相同。企业管理者可以组织轮岗双方见面，让他们好好沟通，自己选择是否轮岗，只有这样才能起到良好的激励效果。

坚持用人所长原则。在实施岗位轮换之前，企业管理者一定要制定尽可能详细的岗位轮换制度，确定长期计划，根据每个员工的能力特点和兴趣个性统筹安排，在企业内部人才合理流动的基础上，尽量做到使现有员工能够学有所长，提高人才使用效率。为了保证企业组织结构的相对稳定，应将岗位轮换控制在一定的范围内，具体范围应根据企业的实际情况划定。

坚持合理流向原则。企业管理者必须懂得，在实施岗位轮换时，既要考虑到企业各部门工作的实际需要，也要能够发挥岗位轮换员工的才能，保持各部门之间的人才相对平衡，只有如此才能推动企业效能的提升，使轮岗措施起到应有的积极作用。

坚持合理时间原则。企业管理者必须注意岗位轮换的时间间隔。若在很短的时间内让员工频繁变换工作岗位，势必会对员工的心理造成巨大冲击，该措施不但不能激发员工的工作热情，反而会给他们带去顾虑和担忧。一般而言，每个员工在同一工作岗位上连续待 5 年以上，又没有得到晋升的机会，就不妨考虑一下岗位轮换。如果员工一直在同一企业中工作，其晋升和岗位轮换的总数在 5 ~ 8 次较为合适。

三、经典案例

摩托罗拉的工作轮换制

摩托罗拉公司普遍实行工作轮换制度。公司会给员工提供各种机会，尽可能做到能上能下和民主决策，这样做不仅让更多的员工得到了锻炼的机会，而且便于让员工发现和认清哪个工作岗位更适合自己。

索尼公司也在大力推行岗位轮换制度，他们在每周出版的内部小报上，经常刊登各部门的“求人广告”，员工可以自由而且秘密地前去应聘，他们的上司无权阻止。此外，索尼公司原则上每隔两年就会让员工轮换一次工作，特别是对于精力旺盛、干劲十足的员工，不是让他们被动地等待工作变动，而是主动给他们施展才能的机会。这种“内部跳槽”式的流动方式，为人才提供了一种可持续发展的机遇。

与摩托罗拉、索尼等国际大企业相比，中小企业内部人才流动的幅度是很小的。在一个单位或部门内部，绝多数人不得不长久地待在一个固定的工作岗位上。很多人只有在干得非常出色以至上司认为必须给他换个岗位时才能如愿。当员工们的想法不能如愿时，他们的工作积极性就会受到明显的抑制，这样的结果对企业和员工都是一种极大的损失。

四、特别提示

让员工把调职看作学习与锻炼的机会

比尔•盖茨这样说过："你必须能非常灵活地利用那些有利于你发展的机会。在微软，我们通过一系列方法为每一个人提供许多不同的工作机会。任何热衷于参与微软管理的员工，都将被鼓励在不同的客户服务部门工作，即使有时这对微软来说意味着要增加分支机构或调去别国工作。"

不只是微软，几乎所有的现代企业都开始注重给员工提供发展空间，赋予每个人最大的发展机会。

管理者要让员工知道，大多数成功的人都乐意接受并且十分珍惜公司提供的不同工作机会。因为不同的工作机会能提高自己多方面的能力，有利于自己的成长。

管理者要告诉员工，不同的工作机会就是不同的发展机会。如果员工在公司的不同部门工作，就能多学一些，就可以对公司的整体运作情况多一分了解，提高自己的工作能力。

第二十三章

责任激励法——让员工对自己负责

激励核心：没有责任感的员工就不是好员工，责任感会让员工表现得更加卓越。

一、激励原理

责任产生干劲

在分配工作或布置任务时，企业管理者一定要注重“责任激励”，因为只有利用好员工的责任感，才能达到激励员工的目的。

责任感是员工身上最为宝贵的东西。在企业内部，每个人的想法及做事方式都不一样。把不同的人集合起来，朝着共同的方向努力，其关键就在于调动人的责任心。

实行核心责任人制就是调动员工责任心的一种方式。核心责任人作为管理程序中的基本连接点，维系和衔接着部门与部门、员工与员工，以及工作边缘环节之间的工作关系。通过这种衔接，企业就宛如一个有机结合的发动机群，始终在主动、自觉、高效地运行。

二、操作方法

怎样增强员工的责任感

很多企业管理者觉得员工对企业没有责任感，他们甚至会想，如果每位员工都能像自己那样关心企业该多好。事实上，员工对企业的责任感并不是天生就有的。普通员工不会像企业老板那样自动自发地关心企业的命运，因为企业不是他个人的。要想增强员工对企业的责任感，管理者就必须在充分理解员工的基础上，采取一些可行的措施。

1. 明确员工的工作职责

企业管理者要健全和完善自上而下的管理模式，为增强员工的责任感提供有利条件。企业管理者制定并执行严格的规章制度，健全企业各部门职能、岗位职责和工作流程，做到定岗、定员、定职责。这样做可以有效消灭员工“搭便车”的现象，能够提高员工的公平感和对企业的满意度。

2. 满足员工的个人发展

员工在满足生存需求和安全需求之后，自我实现的需求就会越来越明显，这时如果管理者仅仅提高员工的福利待遇，激励效果并不会太好。管理者应该根据企业的实际情况制定一些能够满足员工个人发展的政策，尽可能满足员工的自我发展需求。员工如果能在企业中实现自我价值，就会更加关心企业的发展，主动将企业的发展和自己的前途联系起来，员工对企业的责任感就能够得到有效提高。

3. 告诉员工只有对团队负责，才能对自己负责

每一家公司都类似一个大家庭，只有每一位成员都具备团队精神，才能对团队的工作认真负责。例如，在一个拥有上千人的汽车装配流水线上，只要其中一组人的工作出现了问题，汽车便无法出厂 —— 因为谁也不会购买有缺陷的汽车。因此，一个人的成功是建立在团队成功的基础上的。

4. 让有权的员工对自己负责

这一点包含两个方面的内容。其一是让员工拥有一定的权力，赋予员工做事的自由、信心及充分发挥才能的空间；其二是让员工对自己负责，这样可以有效避免员工将自由变成散漫，把自信膨胀为自负，导致做事不知深浅。管理者要将他们的行为约束在一个利于高效发挥潜能的空间中，“让有权的员工对自己负责”作为一种有效的激励手段，在激励有能力的精英人才或知识型员工方面效果显著，出色的企业管理者大都能够在这方面做得很好。

5. 给部分员工额外的责任

企业管理者都希望部分员工能够承担一些额外的责任。企业管理者不仅要能识别出这些人，而且要在有可能的情况下使责任与其能力和愿望相匹配。这对那些希望承担额外责任的员工就是一种最大的激励。

三、经典案例

让员工自己负起责任

企业授予员工一定的权力，既是对员工的激励，也是一种拉力；而让员工承担一定的责任，就是一种推力，这一推一拉之间就可以达到非常好的激励效果。

甲骨文公司的管理者给所有员工赋予了必要的自主权，让他们对自己的工作承担责任。许多员工要等到35岁甚至40岁左右，才有足够的权力去影响公司的总营业收入，但甲骨文公司一位整合产品部经理在22岁时就拥有这种影响力了。

她形容自己刚进甲骨文公司的前半年时间，就像“处在毫无头绪的一团乱麻里”，所有的事情都需要自己去做，没有人来管理自己，出了问题也只有自己负责。等她适应了环境之后，就能够控制整个局面了。她需要决策：如何掌握客户、如何发布产品、如何管理研发人员，以及怎样建立起和她有关的各种事务的流程。

公司希望她做的不只是生产出一些产品，而是能建立起一套更快速的运行机制。在不到一年的时间里，她物色了一位贴心助手，并在新产品团队建立的过程中扮演管理者的角色。甲骨文公司为她准备了一个可以施展才华的空间，在这个空间里，所有的方法和流程都需要员工自己去创造，需要他们对自己负责。

这种发挥员工创造性思维能力的法则需要一个前提，就是员工要有很高的智商和强烈的进取心。另外，要有负责任的经理确保员工不会有越权行为。

甲骨文公司的新员工从入职的第一天起，就不用总是向上司汇报自己的工作、看管理者的眼色行事，他们拥有很高的自主性，然而他们必须对自己的工作负责。对公司来说，尽管基层员工有很高的自主权，但他的经理的权力还是比他高，这样在必要的时候，他们可以通过各种流程来改变工作进程，保证整个工作过程的顺畅与准确。

四、特别提示

负责任是成熟的标志

企业管理者应该明白，没有责任感的员工不是好员工。工作就意味着责任，责任意识会让我们表现得更加卓越。

责任感并不容易获得，因为它是由许多小事构成的，最基本的就是做事成熟，无论什么事，都能够比别人做得更好。

负责任、尽义务是成熟的标志。大多数人在做错事时都会为自己寻找借口。负责任的人是成熟的人，他们对自己的言行负责，做自我的主宰。成熟的企业管理者应该教育自己的员工增强责任感，就像培养他们的其他优良品质一样。这也是企业管理者获得长久而有效的员工激励效果的最佳途径。

第二十四章

共享激励法——荣誉共分享，不要吃独食

激励核心：共享荣誉不仅可以激励员工努力工作，而且可以提升管理者的人格魅力。

一、激励原理

与下属共享荣誉

美国一位著名的橄榄球教练在谈到他的队伍是如何取得辉煌成绩时曾说："如果有什么事办糟了，那一定是我做的；如果有什么差强人意的事，那是我们一起做的；如果有什么事做得很好，那么一定是球员做的。这就是使球员为你赢得比赛胜利的全部秘诀。"

我们不得不承认，这位著名的橄榄球教练拥有一种很高的个人风范，正是他的这种与下属共享荣誉的精神鼓励了球队的每一位成员，取得了一场又一场的胜利。

在企业管理和员工激励中，企业管理者同样需要有这种与员工共享荣誉的精神和敢为下属承担责任的勇气。作为企业管理者，无论你的团队是获得了成功，还是遭遇了失败，你都负有不可推卸的责任。与下属共享荣誉是所有成功的管理者必须做到的。

与下属共享荣誉，也就是管理者在获得荣誉之后，以各种形式让下属分享荣誉及荣誉带来的喜悦，这会使下属得到实现自身价值和受到领导器重的满足感，这种满足感在以后的工作中会释放出更多的能量，也可以在无形之中冲淡了人们对受表扬者的嫉妒心理。

二、操作方法

会分享荣誉才是聪明人

在一个团队里，当我们获取了一定的财富与荣耀时，一定要懂得分享。

一般来说，员工在得到荣誉时，首先要感谢上司，感谢他的提拔、指导、授权。如果同事的协助有限，你的感谢也有必要，这种感谢会使人心里愉快，增进同事之间的友谊。

另外，不要忘了分享这个荣耀，你主动的分享还可以让旁人有种受到尊重的感觉。

得到荣耀后，一定要保持谦卑的姿态。人要避免自我膨胀就要做到两点：一是对人要更客气，荣耀越高，头要越低；二是别再提你的荣耀，有了荣耀，更要谦卑。

不独占荣誉，说穿了就是不要威胁到别人的生存空间，因为你获得的荣耀会让别人产生一种不安全感，而你的感谢、分享、谦卑能让人感到舒服。

如果你习惯独享荣誉，那还不如不要荣誉，因为独享荣誉带来的苦果足以把荣誉吞噬。在与上司交往的同时，员工千万别忽视与同事的关系，你在同事心目中的印象，以及同事们对你的评价，往往在很大程度上左右着上司对你的印象和评价。

在企业中，如果没有同事的鼎力相助，要想孤军奋战做出成绩是很难的，没有成绩就不会受到上司的重视，你的事业自然难以发展。要想在工作中尽量避免错误，做出更大的成绩，就必须提高你的合作能力。

一个团队取得了巨大的利润时，企业管理者也要与员工分享，因为这是所有员工共同努力的结果。

当然，分享的内容有很多，如物质奖励、精神激励等。

三、经典案例

与员工一起分享荣誉与快乐

人们生活在群体中，必定要与他人分工合作、分享成果、互助互惠。因此，员工具有良好的团队精神就显得尤为重要。

尽管许多团队成员已掌握一定的人际交往技巧，但管理者仍要确保每个成员都懂得团队互动的基本原则。组建团队就是为了高产出，只有每个成员积极参与、共同解决问题，才能保持团队拥有上乘的生产率和产品质量。就发展团队而言，增进交流和改进工作方法同样重要，团队管理者必须认真对待。

对于任何一个集体、一家公司，甚至一个国家，团队精神都是非常重要的。以团队精神著称的微软公司，在做产品研发时，有超过 3 000 名开发工程师和测试人员参与，写出了 5 000 万行代码。如果没有高度统一的团队精神，没有全部参与者的默契配合与分工合作，研发工作是根本不可能完成的。

在团队中，要勇于承认他人的贡献。如果借助了别人的智慧和成果，就应该予以说明；如果得到了他人的帮助，就应该表示感谢。这些也是团队精神的基本体现。

当然，如果有快乐同样可以与他人分享。成功的企业管理者要懂得分享员工晋级的快乐、加薪的喜悦，因为对员工来说，分享就是一种最大的激励。

当上司晋级加薪时，千万别忘了那些为你开创事业的员工，应该让他们得到些奖励，或者晋升职位，这才是对员工最大的激励。这种做法可谓“己所欲，施于人”。

全球营养食品工业巨头亨氏集团的创始人海因茨，被员工亲切地称为“酱菜大王”。如今，亨氏集团的分公司和分支机构遍布全球 110 多个国家和地区，拥有 150 多种全球数一数二的著名品牌，是全球营养食品工业无可争议的佼佼者。

有一段时间，海因茨的身体状态欠佳，医生们建议他到空气清新的佛罗里达调养。员工得知后对他说：“老板您确实应该去一趟，您太累了，一年到头也轻松不了几天。”海因茨听了员工的话便立即启程去佛罗里达度假，可是没过几天他又回来了。“怎么这么快就回来了？”员工们不解地问。海因茨顽皮地说：“我一个人在那儿待着太无聊了！”

员工们很快发现，厂区中央多了一个巨大的玻璃缸，员工们好奇地走上前去，发现里面有一只重达800磅的短吻鳄。

“怎么样，这个家伙看着挺精神的吧？”海因茨满怀信心地问。有员工说：“我还从来没见过这么大的短吻鳄。”还有员工说：“其实东西大小并不重要，老板能把这个运回来，关键在于他的真心。”海因茨笑呵呵地说：“这大家伙让我兴奋，给我这次佛罗里达之行留下了深刻的印象。希望大家在工作之余也能分享我的快乐！”

原来，这只短吻鳄是海因茨从佛罗里达不惜重金为员工买下来的。“与员工一起分享快乐”，这不但是海因茨深受员工欢迎的根源，也是他管理员工的一个妙招。

四、特别提示

适时给员工一份意外的惊喜

一家公司在春节前突然来了几个订单，且客户要求在春节前完成。领导向他的108名员工们说明了情况，希望大家能在节前全部完成。起初他担心员工会有怨言，可令他意想不到的是，大家一致表示：一定把活干完再回家。

考虑再三，领导为了让员工能赶在除夕夜之前回到家，决定花20万元为他的员工们购买飞机票，以此作为赶工的答谢。这下可把他的员工们乐坏了。“没想到，活了半辈子还能坐上飞机。”一位员工激动地说，“公司对我们不薄，我们更要好好干。”

领导如果能适当地给员工一些意想不到的惊喜，一定会让他们感激不尽，不但如此，更重要的是，让员工知道你对他们的关心。有些事情简单得如同举手之劳：给你的新下属一句赞美；替员工取信，并亲自送给他；送给心情不好的员工一份小礼物；给员工打个电话，告诉他你欣赏他（她）做事的方法；送下属一本他（她）喜欢的书籍、杂志；外出时，给值班的员工带回一根雪糕。

一样的道理，员工到了快发年终奖金，或是公司组织集体旅游的时候，工作情绪就特别高涨，干起活来也非常有动力。当然，他们并不只是为了能多拿点奖金，而是拿到奖金以后，可以利用这笔钱外出度假；可以买些自己喜欢的东西；或者是为父母添置几件家电；或者报名去充电；也可能是用来偿还贷款……几乎全部的梦，全部的理想，都寄托在那些奖金身上了。这个时候，那些奖金不仅仅是钱了，而是实现梦想的工具。与其说员工是为钱工作，倒不如说他们是在为梦想而努力。

提高员工的情绪，并激励员工保持这种情绪，是提高他们工作效率的方法之一。这就需要管理者不时制造出一些令人兴奋的事，带给员工一些惊喜。

例如，在大家齐心协力完成某项工作时，管理者除了兑现之前的承诺外，还可以组织一个小型的庆祝会。买一些饮料和糕点，与员工互相说一些鼓励和祝贺的话，这样更有利于彼此沟通感情，在以后的工作中共同努力、共同进步。

又例如，奖金的发放要及时到位，如果说哪个阶段员工超额完成了任务，或是某项工作完成得特别出色，管理者应该考虑改变一下奖金的数额或者发放的形式，这会让下属觉得管理者很体贴他们，工作起来也更有动力。

不过，如果反复采用同样的办法，就会让人觉得乏味，自然起不到激励的效果了。所以，管理者在准备奖励员工之前，可以听听不同人的看法，尽量把活动搞得有声有色，使员工在轻松愉悦的氛围中工作。

第二十五章

激将激励法——遣将不如激将

激励核心：面对好胜心强并且脾气暴躁的员工，企业管理者可以用激将法来激发他的潜能。

一、激励原理

利用逆反心理激励员工

在日常生活中，我们常常听到某位成功人士在回忆自己的成长经历时，充满深情地提到某某人，很有感慨地说，当年如果没有他（她）的激励，自己根本不可能有现在的成就。

有一位拥有数十亿资产的大富豪就是如此。这个人从小就无心学习，整天打架，可谓是顽劣成性，没有哪个老师能把他驯服。后来，在一次他把同学的头打破以后，老师怒气冲冲地对他说："我看你这个人永远不会有什么出息了，如果你以后能有什么成就，除非太阳从西边出来……我把手指头剁了也不相信你能干出点什么！"

老师的话对年少的他刺激很大，他没想到老师竟然这么瞧不起他。于是他决心改掉所有的劣习，好好学习……最后，他终于成功了。这时他才明白老师的良苦用心。

这位老师运用的激励法就是我们常说的"激将法"。

什么叫激将法呢？激将法一般是通过贬低他人以增强其求胜欲望的一种方法。这种方法也叫反向激励法，主要是抓住被激励者的心理，狠狠地泼他一盆冷水，打击一下他的情绪，让被刺激的对象在愤怒之下迸发出更强大的力量。

在使用激将法时，关键是管理者要设法给员工树立自信，否则此法就极有可能起到相反的效果。怎样才能让下属建立起足够的自信呢？这又是管理者的一项重要能力。有些员工完全有能力做好某项工作，但是缺乏自信心，前怕狼后怕虎，就是不敢接手，这时就需要管理者使用激将法了。

二、操作方法

使用激将法需要遵循的原则

常言道：“遣将不如激将”，在人才激励的过程中，企业管理者如果能够巧妙使用激将法，必将收到意想不到的效果。

怎样使用激将法呢？管理者必须掌握以下三条原则。

1. 因人而异

在运用激将法的时候，一定要注意区分对象，要根据员工的性格特征因人施法、对症下药，绝对不能滥用，否则只会适得其反。

2. 把握时机

运用激将法还要看准时机，如果出言太早，时机不成熟，就会严重打击对方的信心，让其泄气；若出言太迟，就成了“马后炮”，不能起到应有的效果。

3. 拿捏分寸

在使用激将法时，除要注意因人而异和把握时机外，还要拿捏好分寸，不能太“过”了。如果说得不痛不痒，就是在隔靴搔痒；但言语过于尖刻，也会让对方反感。所以在使用这种方法时，一定要掌握好火候。

三、经典案例

特殊的人需要特殊的激励方式

1895年10月的一天，一位年轻人到某出纳机销售公司办事，遇到了约翰·兰奇先生。他向约翰·兰奇先生表示：“我……我希望能当一名推销员。”

“可以一试。”约翰·兰奇先生可没有太多时间跟他废话。

两个星期过去了，年轻人走街串巷，也没有卖出去一台出纳机。他来到约翰·兰奇的办公室，希望这个前辈能够指点指点他。

“哼，我早就看出你不是干推销的料。瞧你一副呆头呆脑的样子，还不赶快从我办公室里滚出去！”约翰•兰奇竟然劈头大骂。这个年轻人身材高大，此时却感到无地自容。不过，他没有因为被数落而不满，只是默默地站在那里……最后，约翰•兰奇没有再发脾气，而是和蔼地说：“年轻人不要太着急了，让我们来好好地分析一下，为什么没有人买你的出纳机呢？”

约翰•兰奇像换了一个人，他请年轻人坐下，接着说：“记住，推销不是一件轻松容易的事。如果零售商都愿意要出纳机，他们就会主动购买，用不着让推销员去费劲了。推销是一门学问，而且学问很深。这样吧，改日我和你走一趟。如果我们俩一台出纳机都不能卖出去，你和我都回家吧！”

约翰•兰奇没有食言，过了几天，他带着年轻人上路了。

年轻人非常珍惜这个宝贵的机会。他认真观察这个老推销员的一举一动。在一位顾客那里，约翰•兰奇静静地说：“买一台出纳机可以防止现金丢失，还能帮助老板有条理地保管记录，这不是很好吗？再有，出纳机每收一笔款，就会发出非常好听的铃声，让人心情愉快……”

年轻人看着一笔生意就这样谈成了。

后来，约翰•兰奇又带着这个年轻人外出推销几次，结果都成功了。

年轻人后来知道，约翰•兰奇那天对他的粗暴，既不是真的看不上他，也不是跟老婆吵架了拿他撒气，而是对推销员的一种训练方式——他先是将人的脸面彻底撕碎，然后告诉你应该怎样去做，以此来激发人的热忱和决心，调动人的全部潜能和智慧。

这个年轻人从约翰•兰奇那里学到了这种忍耐的精神和积极的处世原则。1913 年，他被人诬陷，被公司老板冷落了好几个月，最后被开除。那一年他已经 39 岁了，但他决定东山再起。没用多长时间，他就创办了一家只有 13 个人的计算制表记录公司。起初经营并不顺利，几年后，公司几乎要破产，他是靠着大量借贷才熬了过去。

再后来，这家公司改了名字，其发展历程也为人们所熟知了。

因为这个年轻人就是 IBM 的创始人——托马斯•约翰•沃森。

管理者在尊重每一位销售人员的时候，要懂得撕碎他们的脸面，只有这样，他们才能够在困难重重的销售之路上勇往直前。

四、特别提示

激将法的几种表现形式

一般来说，激将法有四种表现方式，它们分别是直激法、反激法、侧激法和导激法。

1. 直激法

所谓直激法，就是面对面直截了当地刺激对方、羞辱对方，直到把对方彻底激怒，将对方的自尊心激发起来。

斯蒂文•布朗是美国著名的企业管理专家，在他 18 岁那年，曾经应聘到一家叫巴特勒的房地产公司从事销售工作。公司经理是位 80 多岁的老人，他要求每位员工每天必须联系一处准备出售的房产并将其登记入册。当这个老头儿知道布朗 16 天才联系到两处房产时，就讥讽道："我真不理解，我想，我就是随便找个人在他背上挂一块牌子，上面写着'巴特勒房地产公司登记贵府地产售价'，16 天也能将至少两处房地产的售价带回来登记。"年轻气盛的布朗闻听此言后，愤然离开办公室。经过一天的奔波，他在下班之前赶到了经理办公室，将两处房产待售登记表扔到老头的办公桌上。老头则轻描淡写地说："你最好明天能再联系两处。"

成熟以后，布朗才明白，这是经理的"激将法"，对于血气方刚、心高气傲的小伙子来说，激将法很有效。经理明白，尽管布朗当时很恨他，仍然也十分敬重他，不会激化矛盾导致辞职。

2. 反激法

反激法这种激励方法与心理学里的"反暗示"或者"负强化"相仿，但又有区别。它是用刺激性的言语或者反语，鼓动人们去做原来不能做到、没打算做、不情愿做或不敢做的事。

某厂学徒小郑因勤学肯干得以提前出师，比小郑早进厂的小贺自恃聪明有才，心中很是不服，就经常向别人发牢骚。厂长看在眼里，计上心头，决定利用小贺的争强好胜之心刺激他。

一日，厂长找小贺谈话，对他说："按理说，你比小郑聪明，干活也比他麻利，技术更是在他之上，但在我们厂的全年竞赛中，人家先后三次夺冠，两次第二，还有几次拿了第三，一年干了两年的活，可是看看你的记录……这真让我不解。"见小贺默不作声，厂长话锋一转，道："小郑干活的景象我见了，他总是积极主动地抢着干，好像在与时间竞赛似的，但你缺乏主动精神，总是快速干完一点就歇一会儿，这样工作效率自然不高。你不是不服气吗？那就干出个样子来让我看看！"

这一招果然灵验，从此以后小贺判若两人，他不仅在竞赛中四次夺魁，而且跃入了厂级先进行列，并被评为集团的先进工作者。

3. 侧激法

侧激法也叫暗激法，这种激励方式既不是正面激励，也不是反面激励，而是从侧面激励。激励者虽然了解受激励者的各种情况，但为了达到激励的目的，佯作不知，并有意识地褒扬第三者，暗中贬低对方，利用人们争强好胜的心理，激起他追赶或超过别人的强烈愿望。

三国时期，诸葛亮为抗曹来到江东，他深知孙权独霸江东，性格孤傲，是一个不甘久居人下的人物。其时，诸葛亮已经知道曹军有83万人马，却对孙权说曹兵有100万人马，并称曹军兵多势大，所到之处，无人能敌。孙权问："那你看我是战还是不战呢？"诸葛亮就说："如果你们的人力、物力能与曹对抗，那就战；如果自觉不敌，就赶紧投降为妙！"

孙权本是轻易不服人的主，听诸葛亮如此说，就更加不服起来，他反问道："依你之言，为什么刘豫州不愿意投降呢？"

诸葛亮早就预料到他会有此一问，于是进一步激他说："田横乃齐国一壮士，尚能坚守气节，何况刘豫州乃皇室之后，盖世英才，众望所归如百川入海，岂能屈膝投降、屈于他人之旗下呢？"

孙权果然被诸葛亮的这番话激得勃然大怒，发誓要与曹军决一死战。

诸葛亮的妙计妙就妙在旁敲侧击，轻易刺中了孙权不甘落后于人的自尊心，使他萌发出了一种非要超过曹操的念头。

4. 导激法

所谓导激法，就是面对不同的被激对象，有时简单的否定、贬低收效甚微，还需要"激中有导"，用明确的或诱导性的语言，把对方的热情激发起来。现实生活中，凡是人缘比较好的企业管理者，都是比较注意运用这种激励方法的。

有一位经理要求新招聘来的大学生修改一下产品宣传方案。他是这样说的："小张啊，写得不错，看来你是花了不少心思的，整体方案脉络清晰、观点鲜明、创意突出、文采飞扬；但也有不足，我看这几处是不是应该再修改一下，因为这种说法太绝对了，会让人感到我们的产品有夸大其词的感觉。你再辛苦辛苦，争取在今天下午下班前给我。小伙子，好好干，我相信你能做得更好。"受到鼓舞的小张果然在下班之前交给经理一份更好的宣传方案，经理感到非常满意。这位经理用明确的、有诱导性的语言，把大学生的热情激发出来，从而达到了激励的目的。

用言语激励员工靠的是管理者工作经验的积累，主要方法是强调员工的责任，激发对方的自尊。面对下属，如果企业管理者能够强调他们的能力，就满足了他们基本的自尊心，就能够轻易"俘虏"对方的心，因为任何人都希望获得别人的信赖和尊敬。即使对方明明知道你说的是奉承话，也会乐意接受。往往越是自我感觉良好的人，越会有这种心理倾向。

第二十六章

参与激励法——提高员工的主人翁意识

激励核心：现代心理学研究表明，员工参与企业管理的程度越深，其工作的积极性就会越高。鼓励员工参与企业管理，可以有效提高员工的主人翁意识，增强企业的凝聚力。

一、激励原理

积极调动员工参与企业管理

企业管理者和普通员工的心理是一对矛盾体：管理者要想提高自己的管理水平，就要不断改善各种管理方法，增添新的规章和制度；而已经习惯了以前各种规则的员工们会认为，老的规章和制度并没有什么不好，以前执行时不是很好吗，干吗还要换来换去的？简直就是在折腾人嘛！

这两种心理交织在一起，就会产生矛盾，进而影响工作的进展。虽然管理者可以做出硬性规定，强制下属无条件服从，但下属的执行效果可想而知。

企业管理者可以利用“员工参与管理”的方法缓解这种矛盾。

什么叫参与管理呢？管理专家们给出的定义是这样的：它是一种符合人性的、新颖的管理方式，在这种方式之下，团队中每一位成员都会根据企业管理者的引导，积极参与和他们切身相关的事情，包括设定目标、讨论计划、制定决策及解决问题。

让员工参与企业管理，这样做看上去要多花费一些时间，但因为结论是集体讨论决定的，所以在执行时会得到大多数员工的积极配合，实际上是获得了更高的效率。

二、操作方法

让员工参与企业管理的方法和原则

怎样让企业内的每一位员工都积极主动地贡献自己的才智、自动自发地完成企业的共同目标呢？鼓励员工积极参与企业管理就是一个很好的方法。

第一步：别人能做的事就让别人去做。

管理者必须清楚地认识到，即使你能力再大，也不可能包揽一切，作一切决定。你必须信任你的员工，特别是那些能力突出的员工，如果他们能够胜任某项工作，你就应该放手让他们去做。

第二步：确定让员工参与管理的工作。

管理者必须明确，你打算让员工参与哪些管理工作。如果你没有弄明白这一点，建议你找个清静的地方，用笔写下一周内让人参与的活动，并和参与者约定相关事宜。

第三步：限制参与员工的人数。

原则上应该保持组织精简，同时亦应为员工创造更多的参与机会。

第四步：经常向下属请求协助。

管理者不能自命为“灭火专家”，不能把所有的事情全揽在自己身上。当你遇到麻烦时，不妨向下属们开口：“这件事情需要你们来协助解决……”广泛征求下属的意见，一起找出解决难题的最佳方案。

第五步：鼓励下属的创新意识。

如果你是一位具有创新意识的领导，你就要鼓励下属在参与管理的过程中发扬创新精神。当然，在下属求变求新时，可能会有许多考虑不周之处，这需要你有容忍下属合理失误的雅量。

第六步：不断创造让下属参与企业管理的机会。

在企业管理的过程中，有很多事情都是可以让下属参与的。管理者要多为下属创造机会，鼓励他们参与。

第七步：善于倾听，鼓励员工大胆发言。

当管理者和下属沟通时，管理者要善于倾听，并不时点头配合，用身体语言或口头语言积极回应员工，让员工感受到领导是站在他那一边的，而非和他们对立。由于每个人的成长环境及教育程度不同，对同一问题可能会有不同的见解，所以管理者要学会用开放的心态聆听他们的见解，真诚而谦虚地向他们请教，鼓励他们大胆发言，从而使问题向好的方向发展。

第八步：接受意见时态度一定要诚恳。

管理者在接受员工的意见时，态度一定要诚恳，特别要接受逆耳忠言、与自己看法相悖的有识之言。

第九步：要善于对各种意见进行比较选择。

让员工参与决策，发挥的是集体的智慧。企业管理者在制定决策时要虚心听取别人的意见，但绝不可完全依赖别人。对于众多的意见，企业管理者不应该考虑建议者资历的深浅和关系的亲疏，而应唯正确是纳。

第十步：向参与者表示支持态度。

管理者要经常和参与者接触，确保他们的工作状况一切正常，如果遇到什么问题，就向他们明确表示自己是支持他们的，并尽可能将自己掌握的一些资源提供给他们。管理者还可以通过会议、电话等形式告诉每个参与者，如果他们遇到什么难以解决的问题，可以随时找你商量或请求协助。

让员工自己作决策，其实就是让员工管束自己，等于是让员工自动自发地释放出自己的最大潜能，为企业效劳。不过，在具体操作时，管理者还需要注意以下几点。

1. 避免越轨行为

由于参与者的素质参差不齐，人的性格、思想和品行是千差万别的，所以不能排除个别居心叵测者会利用参与管理的机会胡作非为。为了避免出现负面影响和一些越轨行为，企业领导一定要画一个纲领性的圈，将参与者的决策范围、决策行为等圈定在一个大的范围内。

2. 适时进行合理的引导

人无完人，谁都难免会在一念之差下干出一些不正确的事情来；而不同的人，对决策的理解也是不同的。因此，企业管理者不能在下放权力后就撒手不管了，还要对员工进行一些必要的、合理的引导。

3. 让员工明确决策范围

企业有许多不同的部门，这些不同的部门有着不同的职能，管理者在下放权力时要因部门而异，不能搞“一刀切”。对员工的决策范围要有比较明确的界定，例如，不能让企划部员工决策财务部的一些具体事情。当然，对于一些综合性的、没有明显的部门属性方面的事情，可以让员工多介入一些。

4. 不要忘了监控

俗话说，没有规矩不成方圆。企业管理者一定要制定一些相关的监控措施，因为这类事情往往易放难收，所以监控必不可少。

5. 坚持兼听则明的原则

坚持兼听则明的原则并不只是事到临头随便征求几个人的意见，在群体决策时，企业领导还应该掌握以下四点。

（1）建立相应的企业制度

日本丰田汽车公司以“好产品好主意”为目标，在车间设有建议箱，各部门分别设立建议委员会、事务局，把提建议的方针贯彻到工厂的各个角落，并对提出好建议的人实行奖励。美国的坦登公司实行“五分钟”规矩。在这五分钟内，任何人都可以提建议，参与决策；会上不允许对别人的意见进行批评，主持人也不发表意见，以免妨碍会议的自由气氛。这些制度对寻找“高见”非常有效。

（2）提倡“唱对台戏”

企业管理者在进行重大决策前，应大力鼓励相关人员各抒己见，大胆发表各种不同意见，即使这些见解并不好，也要鼓励他们的参与精神。

（3）鼓励全员参与

企业管理者在进行决策的过程中，要采取各种各样的方式和方法，让更多的员工积极参与进来。

（4）寻求外在的帮助

委托专业咨询机构进行调查研究并提供可供选择的决策方案，不失为一条十分有效的途径。

6. 坚持抓大放小的原则

我们这里所说的让员工参与企业决策，也是相对而言的，是指员工可以对一些非重大的问题参与决策，但事关企业的发展方向的决断权一定要掌握在高层决策者的手中。

三、经典案例

鼓励积极参与，重视员工建议

沃尔玛公司非常重视基层员工的意见与建议，鼓励员工参与公司决策。每名员工在会议上都有发言的权利，他们可以通过口头或者书面方式与管理者进行直接沟通。公司也会安排时间讨论员工提出的意见和建议，对于可行的建议，公司会立即采纳。

山姆·沃尔顿先生要求公司管理者认真对待员工提出的意见，决不允许发生敷衍了事的行为。

每周一的早上，地区经理都会到自己管辖的地区进行视察。经理会与基层员工充分沟通，了解他们的工作情况，听取他们的意见，还会对提出有价值建议的员工给予奖励。正因为沃尔玛公司的管理者能够集思广益，鼓励员工积极参与公司的各项事务，才使得沃尔玛一直稳步向前发展。

四、特别提示

参与管理给企业带来的好处

一项针对员工参与企业管理的调查结果表明，几乎所有员工都愿意参与到企业管理中来，如果企业管理者能够正确运用员工的这一心理，就能够产生难以想象的激励效果。

在新形势下，员工们都想要分担企业责任，参与企业经营。明确了这一点，企业管理者就应该破除壁垒分明的等级观念，推行全员参与改革制度，从政策上承认每一位员工都有参与管理及提高企业效率的权利与义务。

只要企业实施了员工参与管理制，就能从中获得很多益处，这些益处至少包括：

能够帮助企业或部门做出又快又好的决策；

能够以最快的速度解决企业遇到的难题；

能够促使团队更具团结精神；

能够有效推动员工的职业规划与自我管理；

能够为企业培养出卓越的管理人才；

能够培养员工决策的技能和胆识；

能够有效打通上下级的沟通渠道；

能够有效解决各种矛盾和冲突；

能够让企业工作流程变得更加通畅；

能够为企业留住优秀人才；

能够让企业决策更易被员工接受；

能够让执行决策的员工更了解决策；

能够增长员工的见识；

能够让员工对企业更加忠诚；

……

第二十七章

使命激励法——让员工带着使命感用心工作

激励核心：使命感能够有效激励员工自动自发、始终如一地努力工作。

一、激励原理

唯有使命才能让企业基业长青

管理者带基层团队的关键是士气，带中层团队的关键是价值观，带高层团队的关键是愿景，这三种团队都离不开每一位团队成员的使命感。

管理学大师彼得·德鲁克曾说："一个组织绝不能像生物一样，以自身的生存为目的，如果能够延续后代就算成功了。组织是社会的一种器官，只有为外界做出自己的贡献，才能算有所成就。"

德鲁克所说的对外部环境做出自己的贡献，就是指组织要有社会使命感。企业不能只是追求利润，还要思考：我们应该为客户提供什么样的产品或服务？为社会创造什么样的价值？这种责任感和使命感是企业能否生存并持久发展的根本。

只有在使命感驱动的企业里，才能看到以工作为乐趣的员工。

使命感是决定人们行为取向的关键因素，它能够促使人们积极采取行动，为实现自己理想全力以赴。如果你想了解一个人的使命，你就可以通过观察他的行为取向而获得。人们更大的使命感是什么的？它来自于一个人愿意为自己的家庭、社会、国家乃至全球、全人类做一些有价值、有意义的事。

对员工而言，使命感就是知道自己在做什么，以及这样做的价值和意义。有使命感的员工，不仅会有钢铁一般的坚强意志，还会是一个实干家。他们富有极强的探索精神，做事全心投入。他们总是积极主动地工作、探究、创新，梦想着能够为企业的发展和行业的进步做出重要的贡献。

使命感在激励员工方面作用巨大。人们总在寻找归属感、认同感和成就感，工作使命就是帮助他们实现愿望的最好途径。当员工把工作当成自己的事业时，不管管理者提出多高的要求，员工都会竭尽全力完成任务。

优秀的公司在招聘员工时，通常会问对方“希望我们公司能给你什么”，他们想让应聘者知道：在我们公司工作，员工不仅会得到经济上的收益，还能拥有更有前途的发展机会，“隐性利益”这些无形资产比物质利益更有价值。管理者由此激励员工为企业创造价值。

二、操作方法

怎样才能让员工拥有使命感

管理者可以利用以下方法让员工拥有使命感。

1. 企业远景要明确，目标要宏大

企业要有大格局、大梦想，员工只有了解企业的愿景目标，才能明确前进的方向。卓越的企业管理者明白，对员工最有价值的东西，并不是职位的高低和薪水的多少，而是员工能够得到最快速度的成长。

2. 激发而非向员工灌输使命感

激发出来的使命感才是真正的使命感。管理者要让员工知道：你不是在为别人的事业而工作，你是在为自己的未来、自己的梦想、自己的成就、自己的事业而努力。当员工们意识到为企业工作就是为自己工作，完成企业的任务就是在逐步实现自己的梦想时，他们就会对工作全力以赴。

3. 畅通的晋升渠道和足够的上升空间

管理者要任人唯贤，不能任人唯亲；要打通晋升渠道，让有才华的人晋升到应有的职位；要为员工设立有挑战的工作任务，并使员工在完成任务的过程中得到快速成长；要让员工一直保持前进的姿态，不要让他们原地踏步。

4. 信息透明无壁垒

企业管理者不要设置太多不必要的组织层级，要打破不利于企业发展的各种信息壁垒。企业管理者和员工必须保持信息沟通畅通无阻，能够听到来自对方的声音，这样才能拥有共同的使命感。

5. 超越雇佣关系，事业面前人人平等

企业内部的职位可以有高低，员工的工资可以有多寡，但管理者和员工为企业目标而奋斗的愿望必须是一样的。唯有如此，员工才会发挥自己的工作积极性，把自己当成企业的主人。

三、经典案例

“使命感”才是企业真正的生存之道

阿里巴巴的创始人马云一直用使命感来激发员工。

一百年以前通用电气生产电灯泡时，它们的使命是“让天下亮起来”，生产的灯泡越亮越好；迪士尼乐园创建时，它们的使命是“让天下的人开心起来”，他们做的都是开心的东西，阿里巴巴提出的使命是“让天下没有难做的生意”，这让众多中小企业蜂拥而至。

马云曾说：“一个企业为什么而生存？使命！对这一点我很自信。”马云参加过很多世界性论坛，他发现那些知名企业的CEO们，最重视的都是企业的使命。

在为企业树立使命感的道路上，阿里巴巴一直在摸索前行。

2000年，阿里巴巴在美国硅谷、英国伦敦、中国香港等地发展速度很快，这让马云觉得在管理上有点力不从心。回顾这段经历，马云说："第一届西湖论剑之后我们提出了阿里巴巴处于高度危机状态，我就问当时我们美国公司的副总裁：我们一年不到就成为跨国公司了，该怎么管理？他说马云你放心，有一天我们会好起来的。可是我心里不踏实，不能说有一天会好起来我们现在就不动了。这时我们的首席运营官关明生先生出现了，他曾在通用电气公司工作了16年。我和他探讨这个问题时，他说：通用电气的成功有个很重要的原因是它的公司价值观和使命感。"

从2000年下半年到2001年西湖论剑召开，马云明确表示公司要有价值观和使命感，向全公司告知阿里巴巴要做80年持续发展的企业、成为世界十大网站、只要是商人都要用阿里巴巴。马云明确告诉员工，如果认为我们是疯子请你离开，如果你专等上市请你离开，我们要做80年的企业。马云说了这话后，有不少员工离开了。

马云将阿里巴巴的早期愿景逐渐提炼成"让天下没有难做的生意"这个大使命，企业自此踏上飞速发展的快车道。

四、特别提示

增强员工使命感的三种举措

企业管理者若能做到以下三点，就可以大大增强员工的使命感。

1. 让全体员工有认同感

你的企业愿景是什么？企业愿景能否促进社会发展？员工每天做的工作能否为其他社会人群提供有效的帮助？企业在追求利润的同时，是否尽到了社会责任？让全体员工对企业拥有认同感，这是对企业管理者提出的更高要求。

员工会通过观察企业管理者的日常行为，来了解企业的特征与管理者行事的准则，若这些准则和员工的价值观有某些相似的话，员工就会对企业产生认同感；反之，员工不仅不会产生认同感，甚至会表现得很反感。

2. 让正在企业中工作的员工有安全感

每个人都想在不确定的社会生活中，寻找相对安全的归宿。这一点表现在职场上，就是员工想让自己的职业安全可靠。这种职业安全感，也可以视作一种隐性的职业报酬，它会让员工生发出一种很强的归属感。当然，良好的工作环境，领导的贴心关怀，与时俱进的职业培训，也能够让员工产生安全感。

3. 让被辞退的员工有公平感

在员工辞退方面，虽然不能做到绝对的公平，但要让尚在公司工作的员工有一种公平感。其实，无论是录用、辞退、晋升，还是调职、加薪，企业管理者都应该坚持一定的处理程序，不可只凭主观印象做出决定。

第二十八章

股权激励法——留住核心人才的长期激励方法

激励核心：股权激励的精髓就在于，企业可以用未来的财富，作当下的激励，把钱花在刀刃上，提高团队成员的凝聚力。

一、激励原理

让员工真正成为企业主人翁的激励妙招

股权激励是一种能够降低运营成本，长期吸引、激励和留住核心人才的好方法。

股权激励制度是指管理者给予员工一定的企业股权，让员工以企业股东的身份广泛地参与到企业的战略决策、利润分享中去，并同时承担企业的经营风险。在该制度下，员工的利益将会与企业的利益保持一致。股权激励对提高企业的凝聚力、降低企业的运营成本、提升企业的管理效率、增强企业的竞争力、吸引并留住核心人才等方面起到了非常积极的作用，能够有效地促进员工勤勉尽责地以主人翁的心态去工作，推动企业健康持久地快速发展。当前企业采用的股权激励模式主要有股票期权模式、限制性股票模式、股票增值权模式、业绩股票激励模式以及虚拟股票模式等。

1. 建立利益共同体，提高企业的凝聚力

通常而言，企业管理者和员工之间的利益并不完全一致。企业管理者一般会注重企业的长远发展和投资收益，而企业的员工，包括企业的高层管理人员和核心技术骨干，他们更在意任职期间的个人业绩与实际收益。企业管理者和员工价值取向的不同，往往会出现员工为取得个人利益而损害企业整体利益的行为。企业管理者实施股权激励，让高层管理人员和核心技术骨干成为企业股东，与他们建立利益共同体，两者荣辱与共，可以有效提高企业的凝聚力。

2. 缓解企业的资金压力

一般来说，初创企业都会存在很大的资金压力，难以像大型企业那样给员工支付丰厚的工资，而股权激励可以解决这个问题。初创企业一方面可以降低员工的工资，另一方面为员工提供远期的可期待的股权利益。但这种利益不是必然的，而是需要企业经营良好，获得足够利润时才能兑现，且员工要保证对企业做出一定的贡献。

3. 吸引并留住核心人才，让员工队伍更稳定

合理设计股权激励制度，不仅可以提高原有人才的忠诚度，而且能不断吸引外部人才，更能有效留住核心人才。股权激励制度是企业吸引优秀人才的有力武器，管理者在设计股权激励时，可以对激励对象的利益兑现附带服务期的限制，使其不能随意辞职。尤其是对企业的高层管理人员与技术骨干、销售骨干等关键员工，管理者可以通过股权激励制度来维护员工队伍的稳定。

4. 约束员工的不当行为

企业对管理人员的考核主要集中在短期收益上，而短期收益是无法反映企业的长期经营或投资收益的，甚至会出现财务数据造假。股权激励会让管理人员既重视企业短期的财务数据，又关注企业的长远发展利益。当然，这需要管理者在设计股权激励制度时，附加一些限制性条款，如员工的服务期限、禁止同业竞争等，对可能发生的损害企业利益的行为进行严格约束。

5. 改善员工福利，激励员工晋升

企业实施股权激励制度，可以让更多的员工参与企业的利润分享，有利于形成一种以“利益共享”为基础的企业文化。管理者可以按照职位级别渐次提高员工的股权，激励员工努力工作，获取更高的职位，拥有更多的股权。

6. 其他

股权激励的好处非常多，除了本文提到的这些外，还能安抚功劳员工、提高离职成本、明确员工责权利等。

二、操作方法

实施股权激励必须重视的六个方面

股权激励专家认为，在制定股权激励制度时，管理者必须重视以下六个方面。

1. 确定激励范围

对于初创企业而言，可以适当放大激励范围，以利于团队稳定。企业可以从人力资本附加值、历史贡献、难以取代程度三个方面确定激励对象的范围。考察员工的人力资本附加值时，关键要看激励对象是否能够对公司未来的发展产生重大影响，股权激励的根本就在于重视企业的长远利益。历史贡献则是看激励对象是否对企业的经营业绩增长做出了突出贡献，只有尊重被激励者的历史贡献，才能避免出现内部争议。考察员工的难以取代程度，关键是看该激励对象是否掌握企业的核心商业机密或专有技术，这是出于保护企业商业机密的现实需要。通常而言，企业可以将激励对象分成三大层面，即核心层、经营层和骨干层。核心层是企业合伙人，制定企业的战略决策，该层人数可占员工总数的1%~3%。经营层是那些担任企业部门经理以上职位的管理人员，人数可占员工总数的 5%~15%。骨干层是企业的特殊人力资本持有者，人数可占员工总数的 10%~15%。

2. 确定激励方式

股权激励的效果，不仅取决于激励总额，还取决于激励方式。管理者在确定激励方式时，应综合考虑员工的人力资本附加值、忠诚敬业度、员工出资意愿等方面。对那些附加值高又非常忠诚的员工，企业管理者可以采用实股激励，让他们切身感到自己是企业的主人。对没钱出资或不愿出资的员工，企业管理者可以采用分红权激励或期权激励，以提高他们的工作积极性。

3. 确定激励力度

企业管理者通过人力资本价值评估，根据企业业绩与个人业绩的实情，综合确定股权激励力度。企业在确认激励力度上通常会遇到是激励人还是激励岗位这个难题，这需要管理者根据企业的经营特性来综合判断。如果企业正值成长期，业务模式尚不固定，兼岗、轮岗现象非常普遍，就很难用一个固化的岗位说明书来界定员工的工作内容。在此情况下，岗位价值不宜成为确定股权激励力度的依据。如果企业属于成熟期，业务模式相对固定，那么岗位价值就可以成为确定股权激励力度的依据。需要注意的是，不管是对人激励还是对岗激励，固化激励额度的做法都是不妥的。

4. 确定激励周期

企业管理者需要根据企业的战略规划期、员工的工作性质综合考量激励周期。只有分阶段激励才能产生长期激励效果。

股权激励周期必须和企业的战略规划周期相匹配。同时，在激励周期的设置上，应该充分考虑激励对象的工作性质。

例如，某公司的股权激励授予期为 3 年，按 3：3：4 的比例进行激励，每年 1 次，分 3 次授予完毕，同期股权的解锁及期权的兑现也分3年期实施。如此一来，该项股权激励计划的全部完成时间长达6年。这样的循环激励机制，有利于企业管理者在激励员工的同时，还能约束员工，让那些想离开企业的员工觉得十分不舍。

5. 确定股价增长机制

企业管理者可以按照企业战略来确定股价增长机制。股权激励专家认为，股权激励能够激励员工通过努力决定激励成果的大小和实现概率，管理者若能选取适当的激励标的物，就可以实现企业与员工的双赢。一般来说，确定激励标的物，需要综合考虑以下几点：首先，激励标的物必须与企业的价值增长保持一致；其次，激励标的物的价值评定应是明确的，且能让人信服；再次，激励标的物的数值应是被激励者通过努力能够实现的；最后，企业确定激励标的物时不能泄露企业的财务机密，这对非上市公司来说十分重要。

6. 确定退出机制

采用股权激励制度必不可少的一条就是要签署授予协议，细化退出机制，从而避免不必要的法律纠纷。被激励对象辞职怎么办？合同期满怎么办？到法定退休年龄而离职怎么办？被解雇怎么办？只出勤不出力又怎么办？这些都必须在协议中有明确的规定。当然，上述所有内容都必须在遵守《劳动合同法》的基础上进行，否则就是无效之约。

三、经典案例

知识密集型初创企业的激励之道

阿里巴巴、腾讯、百度是当下中国最知名的互联网企业，在阿里巴巴公司，马云持股 7.3%；在腾讯公司，马化腾持股 10.25%；在百度公司，李彦宏持股 20.78%。[①] 这几家企业股权分配的一大特点就是，掌舵者的个人所持股份虽然不高，但依旧是企业的灵魂人物，能够决定企业未来的走向。

大家都知道，全员持股的情况，通常发生在知识密集型企业，如律师事务所。互联网企业和以往的生产加工型企业不一样，互联网企业是知识密集型企业，员工个体的平均重要程度高于生产加工型企业。初创公司为了吸引并留住核心人才，通常会采用股权激励。

某互联网初创企业的规模不大，加上 3 位合伙人一共只有 12 名员工。企业为了减轻资金压力、留住人才，提高团队凝聚力，就实施了股权激励制度。

---

① 数据来自于搜狐网之“搜狐 IT”，2018.3.24。

为了不让企业控制权旁落，该企业采用了干股激励的模式，即采用股权的分红权进行股权激励。该企业设定当前股数为 100 万股，计划拿出 17 万股的干股（分红股）用于股权激励。具体分配情况是这样的：除 3 位合伙人外，其余 9 人各 1 万股，也就是 17 万股中还剩余 8 万股，这 8 万股作为企业层面的预留股权池，用来激励以后加入的新员工。利润分红规则是企业将每年净利润的 60% 作为企业的发展基金，其余 40% 作为企业的股东分红。

在这个案例中，该企业只有 12 人，通常不用专门设置人事部、行政部、财务部等部门，由已有员工兼职即可。在这样的知识密集型初创企业中，全员持股是很适合的。他们采用的股数概念比采用百分比来表示更具优势。

股权池的预留设定也很好，这是股权架构设计中必不可少的一部分。股权架构专家认为，在设计股权激励制度之初，就应该提前预留一部分股权，以便日后有更多的优秀人才加盟。需要注意的是，预留的股权池是用来激励未来优秀人才的，不是给合伙人或投资人的。

在股权激励制度设计之初，企业管理者不能为了看似公平而进行平均的股权分配。案例中的 9 位员工，若从事的是同样的工作，工作性质大约等同，那么每人 1 万股就很公平合理，否则就另当别论。通常来说，企业管理者在分配员工股权激励数量时，务必与员工的工作性质相结合，根据员工的岗位职级、个人业绩、综合能力来评定。

四、特别提示

股权激励的三种错误认识

股权激励制度在我们国家发展的时间相对比较短，相关法律法规也没有对非上市公司的股权激励标准做出明确规定，导致一些企业特别是初创企业在实际操作中出现了一些偏差与错误。大致说来，企业管理者需要在制定股权激励制度时规避以下三个典型错误。

1. 错把股权当薪资分配

股权激励制度旨在通过让员工在一定时期内持有股权，享受股权的增值收益，而非马上能够兑现的薪资分配。股权激励的收益具有很大的不确定性。股权激励重在鼓励员工重视企业的中长期价值。股权激励的最终目的，是让员工将个人利益与企业利益进行有效捆绑，达成双赢局面。薪资分配主要是根据员工的岗位要求、资历条件和企业发展情况预先确定，可以直接和企业的短期财务指标与员工业绩挂钩。此外，薪资在一定时期内是相对稳定的，属刚性范畴，易上难下，易高难低。

一些企业管理者错误地把股权激励当成人力资源范畴的薪资分配，简单地根据员工的历史贡献、岗位价值、个人绩效等因素分配股权，力图达到股权分配公平合理的目的，这种想法和做法都是非常错误的。

2. 股权并非承包分红

一些企业管理者错把股权和承包分红画等号，这也是错误的。股权激励常用方式包含干股、期权、期股以及实股，其本质就是通过股权将员工的收益与企业的发展捆绑起来，实现利益共享、责任共担。我们必须明白，干股只是股权激励的一种方式而已，也是最初级的方式，激励效果相对有限，因为这种方式通常只注重企业的短期发展和眼前利润，难以从根本上解决员工的短视行为。

3. 股权不等于合伙分钱

由于一些企业是由多人合伙创建的，于是有人会错误地认为股权激励就是把股权简单地做成几份，赚多了就多分一些，赚少了就少分一些。股权激励不仅是员工和企业之间的一种利益共享，更是一种风险共担，这需要企业管理者在制定股权激励方案时，预先做好风险规避方案。那些只关注利益分享，而不注重风险防范的企业，一旦在发展过程中遇到挑战，就很容易导致内部分裂。

附录　世界著名企业不用钱激励员工经典案例

巴斯夫：激励员工的五项原则

德国巴斯夫公司创立于一个多世纪前，它一直致力于发现和生产各种农业化学品。截至目前，巴斯夫公司经营着世界上最大的化工厂，并在全球近四十个国家和地区中拥有三百多家分公司和合资经营企业及各种工厂，拥有十多万名员工。

巴斯夫公司之所以能够兴旺不衰，很大程度上归功于它确立的激励员工的五项基本原则。

第一，分配给员工的工作要与他们的工作能力和工作量对等。

不同的员工具有不同的工作能力，不同的工作也需要由具备不同工作能力的员工胜任。

企业管理者在给员工分配任务时，要尽可能保证他们的兴趣和工作能力与工作任务相符。为达到这一目的，巴斯夫公司通常采取以下四种方法。（1）多名高级经理人员同时接见每一位新员工，以便确切了解他的兴趣、工作能力；（2）除公司定期评价员工的工作表现外，公司内部应有正确的工作说明和任职规范；（3）利用电子数据库贮存有关工作要求和员工能力的资料及数据；（4）高级经理人员向董事会推荐领导职务的候选人。实施这四种方法，可以保证公司管理者在给员工分配工作时，既符合新员工的兴趣和爱好，又能与他们的工作能力和工作量对等。

第二，建立公平的激励制度。

在巴斯夫公司，每位员工都做出了自己的贡献，这些贡献与许多因素有关，这些因素包括员工的受教育水平、工作经验、工作成绩等，但最主要的因素是员工的个人工作表现。

巴斯夫公司一直按照这样的原则行事：员工享受的待遇必须根据他的工作表现而定。他们认为，一个公平的激励制度是激励员工的先决条件，员工的工作表现越好，他的待遇也就越高。因此，为了激发员工的工作热情，巴斯夫公司从企业制度入手，对激励员工的方式方法做出了明确的规定。

第三，专业人才培训计划及内部人才选拔制。

巴斯夫公司通过基础和高级的专业人才培训计划，有针对性地提高了员工的工作能力，并从公司内部选拔有资格担任管理工作的优秀人才。

巴斯夫公司除了为员工提供适当的工资和薪酬之外，还提供了员工训练计划，由专门的部门负责管理，为公司员工提供本公司和其他公司的培训课程。公司的组织结构非常明确，员工可以获得关于升职的各种资源。巴斯夫公司习惯于从公司内部选拔管理人员，这既留住了有才华的员工，而且促使员工在工作中保持很高的积极性，因为他们明白自己唯有如此，才会得到晋升的机会。

第四，不断改善员工的工作环境及安全条件。

好的工作环境，能够有效激发员工的工作热情。如果工作环境适宜，员工们感到在公司工作很舒适，就会有更佳的工作表现。巴斯夫公司非常重视公司的环境建设，无论是办公区域还是就餐区域，每个工作地点都非常清洁，并为体力劳动者设置盥洗室。

在安全措施方面，巴斯夫公司建立了一大批保证安全的标准设施，由专门的部门负责，如医务部、消防队、工厂高级警卫等。公司定时对全体员工给予安全指导，还提供必要的防护设施。公司日夜测量环境污染和噪声。各大楼中每一层都有一名经过安全训练的员工轮流值班。所有这些措施，使公司内部意外事故的发生率降到了很低的水平，使员工有一种安全感。

第五，抱着合作的态度领导下属。

在处理人事关系方面中，巴斯夫公司认为，激励员工的主要原则之一是抱着合作的态度领导下属。巴斯夫公司给管理者规定的任务是商定工作指标、委派工作、收集情报、检查工作、解决矛盾、评定下属员工和提高他们的工作水平。

巴斯夫公司的多年管理经验表明，企业管理者抱着与下属合作的态度开展工作，可以使员工更积极地投入工作和参与决策，因此，这是一个为达到更高生产率而刺激劳动力的好途径。

审视一下巴斯夫公司的五项基本激励原则，我们不难发现，大多数属于零成本激励的范畴，这也告诉我们，最有效的激励手段往往并不需要花费金钱。

惠普：用人本管理增强企业的凝聚力

总部设在美国加州的惠普公司创立于1939年，惠普公司不但以其卓越的业绩跨入全球百家大公司行列，更以其对员工的重视、尊重与信任享誉全球，这和惠普公司的人性化管理密不可分。

作为一家国际知名的大企业，惠普公司有着极强的团队凝聚力。在惠普公司的任何机构，你都能感觉到友善、随和、不会让人产生压抑感的气氛。在自助餐厅中，员工只需花费很少的钱，就可以享受到一顿丰盛的午餐。在笑声洋溢的餐厅中，人们好像回到了大学时代。

惠普重视员工的宗旨源远流长，并不断更新。公司的目标总是一再修订，又重新印发给每位员工。每次都重申公司的宗旨："组织的成就是每位同仁共同努力的结果。"强调惠普公司对有创新精神的人所承担的责任。这一直是驱使公司获得成功的动力。惠普公司曾在几年前修改过的公司目标的引言部分提到："惠普不应采用严密的军事组织方式，而应赋予全体员工以充分的自由，使每个人按其本人认为最有利于完成本职工作的方式，达到企业的目标，做出各自的贡献。"

惠普公司对员工的充分信任，在存放电气和机械零件的开放实验室备品库"管理条例"里表现得最为清楚。工程师们不但可以在工作中随意取用零件，而且可以拿回家供个人使用。因为惠普公司认为，不管工程师们拿这些零件所做的事是不是跟他们从事的工作项目有关，他们无论是在工作岗位使用，还是在家里摆弄总能学到一些东西。

坊间曾有这样一个传闻，比尔·休利特周末到一家分厂视察，看到实验室备品库门上了锁。他马上拿来一柄螺栓切割剪，把备品库门上的锁剪断。在周一的早上，上班的员工们见到他留下的纸条，上面写着："请勿再锁此门，谢谢。比尔。"

惠普公司的员工之间也彼此信任。产品设计师们不管正在搞什么东西，全都留在办公桌上，谁都可以过来摆弄一下，并可以无所顾忌地对这些发明评头论足。在惠普，不管你处在什么职位，大家都不必拘于礼仪，彼此之间可以直呼其名。能在这样一个平等和睦的集体中工作，员工们都感到心情舒畅。

惠普还提倡有难共当、有福同享。在惠普创立之初，公司高层就决定，本公司不能"要用人时就雇，不用时就辞"。这的确是一项颇有胆识的决策，因为当时电子业几乎全靠政府订货。后来，在 1970 年的经济衰退中，惠普公司没有解雇一名员工，而是全体员工包括高层一律减薪 20%，工作时数也减少了 20%。在最艰难的时刻，惠普公司全员就业，熬过了经济衰退期。

惠普公司在注重患难与共的同时，还坚持有福共享。惠普有丰厚的薪金与福利政策，最底层人员如没有工作经验的生产工人，也能拿到 1 000 美元以上的月薪。公司尽量使他们的薪酬高于其他公司。

惠普公司还为员工及员工家属设立了游乐区。为完成这项计划，惠普公司在 1962 年买下了圣克鲁斯山的“小盆公司”，作为员工年度野餐的场地，时至 20 世纪 90 年代，野餐已成为惠普的传统，公司的游乐区已扩大到了十几个。其中，科罗拉多州三个，宾夕法尼亚州波柯诺山一个，马来西亚一幢海滨别墅，苏格兰一处大湖区，以及德国阿尔卑斯山的滑雪山庄。惠普员工如果想前往上述任何地方，只要事先预约，在一定的日期内，就可以用极少的花费欣赏美景。

管理专家指出，惠普公司之所以能够成为闻名全球的大企业，主要得益于它恒久的企业精神，即以人为本的管理理念。正是因为惠普公司恒久的凝聚力，员工们才能够自信乐观地对待公司的事业，并乐于为企业贡献自己的全部才华。

松下：管理者应该掌握的员工激励技巧

素有“经营之神”之称的日本松下电器公司的创造人松下幸之助，在使用零成本激励员工方面很有心得。

松下幸之助指出，管理者的目标和员工的目标是一致的，所以管理者应该有“和员工站在一起”的信念。1929年，美国的经济恐慌波及世界各地，日本当然也不例外。一时间，企业裁员、减薪、缩小经营规模，比比皆是。当时的松下公司刚刚在大阪福冈区设立了工厂。

在不景气的形势下，松下公司虽然能够不断地制造产品，却无法卖出去，仓库里产品堆积成山。针对这种情况，管理层拟订了“生产减半，员工减半”的企划案，报请松下指示。当时的松下身体欠佳，却在病榻上毅然做出了决定：一个员工也不解雇。松下的决策，虽然加重了公司的负担，却换来了员工的感动。虽说生产减半，员工们只上半天班，却没有一个人休息。每个人都在全力以赴地推销公司的库存产品，不到两个月就把仓库里堆积如山的产品销售得一干二净，工厂也恢复了全天的运转，企业终于渡过了难关。

在总结自己一生的经营心得时，松下提出了以下21条激励员工的技巧。

1. 让每一位员工都了解自己在公司里的地位。

2. 给予员工的奖赏一定要与其所取得的成就相当。

3. 如发生某种改变，应事先通知员工。

4. 让员工参与同他们利益相关的计划和决策。

5. 充分信任自己的员工。

6. 经常接触员工，了解他们的兴趣、习惯。

7. 注意聆听下属的建议。

8. 若发现某些员工举止反常，应该留心并检查。

9. 尽可能委婉地让下属清楚你的想法。

10. 向员工解释要做某事的目的。

11. 如果自己真的错了，就勇于承认错误并表示歉意。

12. 告诉员工他所担负职务的重要性，让他们有责任感。

13. 提出建议性的批评，批评要有理由，并帮助其找出改进的方法。

14. 在责备员工之前先指出他的优点。

15. 管理者以身作则，树立榜样。

16. 言行一致，不要让员工弄不清楚到底该做什么。

17. 把握每一个机会向员工表明你为他们感到骄傲。

18. 假如有员工发牢骚，要赶紧找出员工不满的原因。

19. 尽最大可能安抚员工的不满情绪，否则所有人都会受到影响。

20. 制订长期计划和短期目标，以便让人据此衡量自己的进步。

21. 努力维护员工应有的权利和责任。

玫琳凯：让员工们笑着工作

玫琳凯是一位世界著名的女企业家。她以区区几千美元起家，用短短三十年的时间，建造了一个年营业额达 20 亿美元的化妆品“帝国”。

作为一位出色的管理者，玫琳凯的管理自有其独到之处——她非常注意激发员工们的热情和活力，让他们充满激情地投入工作。她说，让员工们快乐地工作，是提高企业效益的最佳办法。

她的这个秘诀是受到一个故事的启发。

一天，玫琳凯邀请了一位著名的绩效演讲家给公司员工作演讲。但是那人的飞机晚点了，作为主持人的玫琳凯不得不安排其他节目，并亲自上台演讲，直到演讲家已经到达后台。

当玫琳凯在台上介绍这位先生时，却发现他在后台捶打着自己的胸膛，不断地上窜下跳，动作极其滑稽，看上去就像一个癫疯病患者！

玫琳凯心中犯了嘀咕：“上帝啊！我刚才还在台上向大家介绍他的演讲是如何如何的棒，可他现在却……”

没想到，当这位先生上台演讲时，却神采飞扬、妙语连珠、充满激情，演讲极其精彩，效果出乎意料的好。

事后，玫琳凯问他："你快把我吓死了！你刚才在后台为什么那样啊？"

那人说："作为一位绩效演讲家，我的工作就是激励别人，但我发现，自己有些时候却很糟糕。如今天，飞机误点就搞得我心情烦躁，我甚至想过放弃今天的演讲。但我知道你们正期待着一位有激情、有活力又满怀热忱的演讲者，尤其当我看到你的员工们充满希望的面孔时，我更觉得我不能向你们诉苦，更无法放弃，我只有一条路，就是必须做出一副很有活力的样子。我发现，只要做一些练习和捶自己胸膛就可以让自己热血沸腾，我的感觉就好多了，状态自然也就出来了。"

诺基亚：通过培养机制留住人才

诺基亚公司在员工激励方面很有经验。除了制定有竞争力的薪酬政策之外，更多的是通过培养机制留住人才。诺基亚公司不仅为员工创造了宽松的工作环境和良好的工作氛围，还为员工提供了广阔的个人发展空间。

1. 人才选拔

诺基亚公司的高层一直认为，人才就是企业的生命。诺基亚通过独特的人才招聘解决方案和专业的管理流程，确保公司能够吸引到优秀的人才，不论是从专业技能上，还是从职业道德上都要符合公司的要求，并能够在企业文化的熏陶下为公司贡献力量。

诺基亚公司的人才选拔计划是每年年末业务部门同人力资源部门一起制订的。人力资源部提出招聘渠道建议，并为通过初步筛选的应聘者组织面试和心理测评。测试项目从题目的选择和制定都紧紧围绕公司价值观，考查应聘者个人素质、品质和性格倾向。通过人力资源部测评专家对面试、问卷、项目合作等方面结果的综合评估，最终做出选择。对选择结果起决定作用的因素往往不是应聘者的专业水准，而是看他是否持有与诺基亚公司相同或接近的价值观。因为个人持有的价值观比掌握的知识技能更难以改变。

2. 人才培养

在诺基亚公司，入职培训是新员工全面了解公司、接受公司价值观教育、感受公司文化的第一课。人力资源部安排各职能部门的高层领导，集中一至两天的时间，与新员工交流。对新加入公司的中层以上管理人员，公司会还安排他与未来工作中发生直接或间接关系的同级和上级管理人员见面，帮助其快速进入角色。

在人才培养方面，诺基亚公司的内部岗位轮换体系独具特色。诺基亚公司尊重员工的个人兴趣和职业生涯发展的选择，利用公司内部网站实时刊登不同国家和地区、不同组织机构的工作机会。职位申请的程序也尤为简单和开放，员工可以与用人部门经理直接沟通，得到认可后，通知目前岗位经理和人力资源部。在目前工作合理安排和交接后，该员工就可以上任新的工作岗位。在同等条件下，公司优先考虑内部员工转换工作的申请，这样不但有利于诺基亚人才的循环，也保证了企业文化的延续和员工对企业的忠诚度。

诺基亚公司认为，员工在不同的工作及生活阶段对职业发展的看法和期望是不同的。通过经理与员工每半年的业绩评估讨论，经理可以得知并支持员工的长期职业发展目标，双方共同制订相应的培训计划。诺基亚公司的人力资源部为每一类工作都设计了不同的由低到高的发展渠道，而在每一级别都有对不同工作职责的描述和要求，员工可以对照这些要求和描述，找出自己的差距，从而有针对性地制订长期发展计划。

3. 人才考核

为达到公司的既定目标，诺基亚公司通过专业手段对员工进行业务考核。诺基亚公司"投资于人"计划就是一套非常人性化的由诺基亚企业文化派生出来的业绩管理程序，它支持诺基亚战略和价值观的实施。在上级与下级的沟通评估中，以价值观为准则的行为得到了发展。诺基亚公司每年分两次实施“投资于人”的讨论，分别在一月和七月进行，全公司由上至下，通过直线经理和下属面对面的交流，双方开诚布公地讨论工作中的成绩和问题，对工作业绩进行评估，总结并提出改进建议。40% 的评估是基于过去一年中员工实现目标所付出的努力及表现，其余 60% 的评估是基于所达到的结果。业绩评估的成绩与本阶段奖励计划的结果相联系。

4. 人才激励

我们都知道，高科技行业是人才流动较大的行业，如何激励并留住优秀人才是至关重要的。在人才激励上，诺基亚公司不但致力于制定具有市场竞争力的薪酬政策，而且通过多种内部奖励计划和机制，如“股票计划”“利润分享计划”“诺基亚成就奖”“诺基亚即时认可奖”“诺基亚质量奖”等奖项，重奖那些在诺基亚价值观上有突出表现的员工。在建立员工对公司的归属感和自豪感方面，诺基亚公司鼓励员工参加公司内外的志愿者活动，为员工提供参与社区建设和公益活动的机会，培养员工的公共、环保、助人意识及社会责任感。

物质和精神上的激励只是诺基亚人才激励管理的一部分，其更具吸引力的还在于公司为员工营造的宽松的工作环境和良好的工作氛围，以及广阔的发展空间，诺基亚公司尊重员工的选择，使员工在工作中不断学习和创新，将人才牢牢地吸引在公司的周围。

5. 意见反馈

诺基亚公司管理者非常重视与员工之间的沟通，并保持畅通的员工意见反馈渠道。诺基亚公司每年都会进行一次全球范围内、公司上下共同参与的名为“倾听你的心声”的员工问卷调查。问卷的设计充分考虑了诺基亚价值观的各个方面。此项调查，围绕着与诺基亚业务相关的十几项内容展开，这些内容包括质量改进、认可和奖励、团队精神、内部沟通、领导能力、组织诚信、学习和发展等调查项目。在人力资源部的帮助下，员工可以了解到自己所在小组、部门及整个公司的调查结果，并与经理和其他同事进行讨论，制订新的工作计划，对如何提高公司业绩提出自己的看法和建议。

6. 团队合作与沟通

诺基亚公司非常看重团队合作，鼓励管理者带领团队成员参与决策，并将最终决策及其原因在公司不同层面和部门间进行充分沟通。这种分享的流程为相关人员积极沟通、共同探讨最佳可行性方案留出了充足的空间。这种方法打破了公司固有组织结构的限制，使大家相互支持、共同进步。

诺基亚公司鼓励员工团队合作，公司每年都会为员工提供一次集体外出活动，两次以部门为单位的团队培训机会，部门间可以自由组合。其目的在于加强团队成员间的相互了解，通过共同参与的活动和项目，不仅拉近了员工间的距离，更增强了团队在受到冲击时的抵抗力和凝聚力。

7. 工作与生活的平衡

诺基亚公司认为，努力工作并做出良好的业绩并不是公司对员工期望的全部，而保持工作与个人生活之间的平衡与协调，精神饱满的工作与积极的生活是人类共同向往的目标。因此，公司设计出一系列切实可行的方案为员工提供绚丽多彩的业余生活，如名为“自在人生，健康生活”的系列项目，就从学习、生活、理财、健康和休闲五个方面，鼓励员工参加公司以外的职业生涯培训课程，获取某项专业技能的证书；通过与专业机构合作，诺基亚公司为员工提供家庭理财的咨询服务和心理咨询，以及为员工组织丰富多彩的健身、娱乐活动等。诺基亚公司希望通过一系列活动，帮助员工拥有更加健康、平衡的生活，促进员工个人成长和能力提升，提高员工的生活品质和工作绩效，更重要的是希望通过这一项目，改善管理，营造良好的工作氛围，提升企业形象。

通用：群策群力共参与，激励遵循五原则

美国通用电气公司创立于1878年，经过一个多世纪的努力，通用现已发展成为全球最大的电气设备制造公司。通用公司生产的产品种类繁多，除了一般的电气产品（如家电产品、X光机等）之外，还生产电站设备、核反应堆、宇航设备及导弹。到了1980年，这个“庞然大物”遇到了困难。就在这个危机关口，年仅44岁的韦尔奇走马上任了，担任了通用公司的董事长和总裁职务。

1. 让员工“毫无保留地发表意见”

韦尔奇上任后进行了一系列改革，其中最重要的一条就是，宣布通用电气公司是一家“没有界限的公司”，他指出，所有员工都可以“毫无保留地发表意见”，并将此当成是通用公司企业文化的一项重要内容。

在通用公司，每年有两万多名员工参加“大家出主意”会议，时间不定，每次50到150人，主持者要善于引导大家坦率地陈述自己的意见，及时找到生产上的问题，提高产品及工作质量。

在通用公司，当基层召开“大家出主意”会议时，各级经理都要尽可能去参加。韦尔奇带头示范，他常常只是专心倾听，并不

发言。“大家出主意”活动给公司带来了生气，取得了很大成果。如在某次“大家出主意”会上，有位员工提出，在建设新电冰箱厂时，可以借用公司哥伦比亚厂的机器设备。哥伦比亚厂是生产压缩机的工厂，与电冰箱生产正好配套。如此“转移使用”，节省了一大笔开支。这样生产的压缩机将是世界上成本最低而质量最高的。

开展“大家出主意”活动，除了可以在经济上带来巨大收益之外，更重要的是使员工意识到自己的重要性。经过韦尔奇的努力，公司从1985年开始，减少了11万名员工，利润和营业额却都翻了一番。据说，通用电气是美国道•琼斯工业指数设立以来唯一至今仍在榜上的公司。通用电气曾被《财富》杂志评为“美国最受推崇的公司”和“美国最大财富创造者”。1997年，通用电气以其908亿美元的收入位于《财富》500强的前列。

2. 群策群力

1988年，在一架直升机上，韦尔奇有了“群策群力”的想法。当时，韦尔奇总裁和通用管理发展学院院长鲍曼刚刚离开学院的大课堂，在那里，他与正在接受培训的通用电气高层管理人员进行了激烈的辩论。“我们要找出个头绪，使这种做法用在我们的商业领域。”韦尔奇兴致勃勃地对鲍曼说。一周后，鲍曼制订出了计划。

1989年年初，公司一年一度的碰头会在佛罗里达举行，总裁韦尔奇向到会的500名高级经理宣布了这一规划，即实行群策群力的管理方式，聘请高级顾问和商学院的教授协助实施。群策群力这一管理方式的基本含义是，举行由各阶层员工参加的讨论会，在会上，与会者要做三件事：可以动脑筋想办法；取消各自岗位上多余的环节或程序；共同解决出现的问题。先期的群策群力讨论会主要是建立信任，最基本的模式是大家七嘴八舌发表意见，后来逐渐上升为一种理念。

各种各样的讨论会都遵循同一模式，通用员工们称之为“城镇会议”。由执行部门从不同阶层、不同岗位抽出40～100人到会议中心或某一宾馆，会议为期三天，先由上司简要提出议程安排，不外乎减少不必要的会议、形式、请示等其他表面工作，然后上司离开。在一名外聘助手的协助下，与会者分成五六个小组，分别解决某个议题。小组花一天半的时间讨论，列举弊端，讨论解决方案，为第三天的议程草拟报告。

会议的第三天最为重要，它赋予“群策群力”这一管理模式以特殊的生命力，对前面议题一无所知的上司回到会场，在前排就座，并常有资深人士来旁听。小组代言人逐一汇报，提出小组的建议和主张。按规定，这位上司可做出三种答复：（1）当场拍板，

（2）当场否决，（3）要求提供更多的情况但须在固定日期内答复该小组。

“群策群力”方式鼓励员工参与企业管理，打破了“蓝领”和“白领”的界限，不同岗位、不同阶层的员工集中到一起，针对某些问题提出建议和要求，当场确定实施意见。这种管理方式减少了大量的中间环节，迅速提高了组织效率。

在1987年，通用公司制造一个燃烧室喷气发动机上的关键部件，一般需要半年以上。通过开展“群策群力”活动，1991年年初，这一产品的生产周期缩短到了两个月，到现在只需一个月就可以了。负责制造加工燃烧室的员工们，甚至还在商讨在10之天内完成任务的可能性。

现在，“群策群力”讨论会已经成为通用公司的一项日常活动，如有需要随时可以举行，参与人员更是从公司员工扩大到了客户和供应商。

为此，韦尔奇说：“在20世纪90年代，我们通用电气公司具有创造这样一种公司气氛的机会。在这种公司气氛下，毫无保留地发表意见在文化上是可以接受的，讲真话受到奖赏，而不尊重下属表达意见的上司们则不会受到奖赏。”

“群策群力”活动很好地推动着公司高层管理者必须更多地放权，更多地行动，更多地听取意见。公司高层领导必须信任员工，也必须被员工所信任。领导层确实有做出最终决策的责任，但同时还拥有同样的责任使人相信，特别是使提出建议的人相信这些决策是合乎情理的。领导做出的决策应该被员工理解，并具有强大的感召力。虽然做到这一点并不容易，但通用公司一直致力于此。

3. 通用公司激励员工五原则

美国通用电气公司的奖励制度使员工们工作得更快更出色。其秘诀就是只奖励那些完成了高难度工作指标的员工。

一般情况下，员工们并不愿意改变自己的行为模式，除非你能够有效地激励他们这样做。对做出了成绩的员工，公司一般采取发奖金或者授予股权的方法，以示表彰。薪酬制度的一个关键原则是，要把薪酬中的一大部分与工作表现直接挂钩。公司要按实际绩效付酬。通用公司的激励原则如下。

第一，不要把报酬和权力绑在一起。公司可以给员工在没有得到晋升的情况下提高工资级别，也可以大幅度增加获得股权奖励的员工名额，并实施奖励管理人员的计划，而不是根据他们管理多少员工或工作时间长短来发放奖金。

第二，让员工们更清楚地理解薪酬制度。公司应当向员工简明易懂地解释各种额外收入。

第三，大张旗鼓地宣传榜样员工。当有人受到奖励时，公司应尽可能广泛地传播这个消息。

第四，采取非金钱的奖励方法。金钱只有在使用适当的时候才是好的激励手段，而不用金钱的奖励方法有着一些行之有效的优点。

第五，不要凡事都予以奖赏，应更多地实行绩效挂钩付薪制度。

参考文献

1. 唐华山，闵宪伟. 激励员工不用钱. 北京：人民邮电出版社，2007.

2. 郑月玲. 零成本激励. 北京：人民邮电出版社，2007.

3. 刘燕春，陈舟平. 员工激励. 北京：中国标准出版社，2000.

4.（美）乔治•戴维森著. 文岗译. 最伟大的管理思想——管理的66条黄金法则. 北京：中国纺织出版社，2003.

5. 唐华山. 青年领导. 北京：中国书籍出版社，2007.

6. 唐华山. 软绳捆硬柴. 广州：广东经济出版社，2006.

7. 王志兵. 赢在激励. 北京：中国经济出版社，2005.

8. 张道生，梁燕燕. 如何带出自动自发团队. 北京：高等教育出版社，2006.

9. 王小艳. 如何进行员工激励. 北京：北京大学出版社，2004.

10. 高业. 非金钱激励员工的108种手段. 北京：中国致公出版社，2007.

11. 韩大勇．知识型员工激励策略．北京：中国经济出版社，2007.

12. 艾理生．赢在激励．北京：地震出版社，2005.

13. 文征．激励员工的80个手段．北京：中国致公出版社，2006.

14. 冉斌，吕嵘，杨剑，激励．广州：广东经济出版社，2005.

15. 张岱之．高效激励的17个方法．北京：九州出版社，2005.

16. 王淑艳．鞭子和糖果——员工奖罚与激励妙法66招．北京：中国时代经济出版社，2006.

17. 郑月玲．每周一堂心理课．北京：人民邮电出版社，2009.

18. 孙新波，樊治平，秦尔东．知识员工激励理论与实务．北京：经济管理出版社，2006.